KB121339

영어 속담과 명언

백만문화사 홈페이지 www.bm-books.com에서 <영어 속담과 명언>
원어 녹음파일을 다운받아 들을 수 있습니다.

영어 속담과 명언

2판 1쇄 인쇄 | 2023년 7월 20일
2판 1쇄 발행 | 2023년 7월 25일

엮은이 | 백만영어 연구회
펴낸이 | 이현순

펴낸곳 | 백만문화사
주소 | 서울특별시 마포구 독막로 28길 34(신수동)
대표전화 | (02) 325-5176
팩스 | (02) 323-7633
신고번호 | 제2013-000126호
홈페이지 | www.bm-books.com
이메일 | bmbooks@naver.com

Printed & Manufactured in Seoul, Korea

ISBN 979-11-89272-37-1 (03740)
값 15,000원

영어 속담과 명언

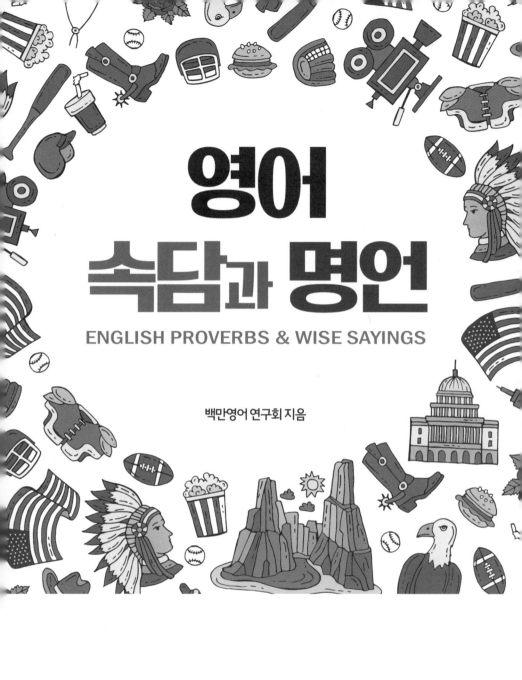

ENGLISH PROVERBS & WISE SAYINGS

백만영어 연구회 지음

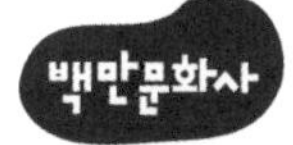

| 머리말 |

영어로 풀어보는
여러 나라 속담과 세계 유명인들의 명언

옛날에 우리 조상들 사이에서는 여러 가지 속담이 자주 입에 오르내렸으나, 어느덧 하나하나 잊혀져 가는 것 같아 안타까운 마음이다.

속담이란 인간관계와 생활에서 자연히 우러난 지혜와 규범이다. 어떠한 사상가, 철학자들의 고매한 이론이나 가르침보다도 서민과 직결되는 경험에서 만들어지는 철학과 느낌의 표현이다.

이 책에서는 영어의 속담 중에서 빈번히 쓰이는 것을 골라보았다. 그 중에는 우리의 속담과 비슷한 내용의 것도 많은데 동서고금을 통하여 인간의 본질과 유사한 것이기에 어느 의미에서 속담이란 만국공통적인 내용의 것이라 할 수 있다.

한편 속담이 서민의 철학에서 만들어진 것인데 비하여 명언은 고금의 깊은 지식을 쌓은 사람이 인생의 진리를 짧은 비유로 설파한 주옥 같은 가르침이라 하겠다.

이 한 권의 책 속에 속담과 명언을 함께 수록한 까닭은 그것이 서로 연관성을 갖고 있을 뿐더러, 이 분야에서의 영어의 배경을 공부하는 데도 도움이 되리라고 생각했기 때문이다. 그리고 각 항목의 끝머리에는 그 항목과 연관된 여러 나라의 속담을 영어로 번역하여 수록해 두었다.

| 차 례 |

01 애정에 관한 속담

Love is sweet torment.

사랑은 감미로운 고통.

*Torment [tɔ:rment] 고뇌, 고통, 고통을 안겨 주는 사람[것], 고민.

Love is bitter-sweet. (사랑은 쓰고도 단 것.)이라고도 한다.

영어에서는 연애나 일반적인 애정도 모두 love. 본질적으로는 어느 쪽이나 같겠지만, 격하게 타오르고 고뇌가 수반되는 것이 이성간의 애정의 특징이겠다.

어느 17세 소녀의 하소연

▶ How shall I be able to tell when I am really and truly in love? I have thought I was in love on several occasions but get tired of the boys after about two months.

▶ 어떻게 하면 제가 진실로 사랑에 빠져 있음을 알 수 있을까요? 여러 번 저는 사랑에 빠졌다고 생각해 봤습니다만, 두어 달이면 그 소년이 싫어지곤 합니다.

그 해답

▶ That is usual enough when one is young. You are just looking for someone and have not found him yet.

It is impossible to say exactly how you will be able to tell when you have met the right man and are in love with him, but you will learn instinctively and your feelings for him will last much longer than two months!

▶ 그것은 아직 어릴 때는 충분히 있을 수 있는 일입니다. 당신은 누군가를 찾고 있으나 아직 그를 찾아내지 못하고 있는 것입니다.

바로 그 사람을 만나 그를 사랑하게 되는 시기를 어떻게 알 것인가를 정확히 말해 드리기는 불가능하나, 당신은 본능적으로 그것을 알게 될 것입니다. 그리고 그에 대한 당신의 감정은 두 달은커녕 그 이상 오래 지속될 것입니다.

▶ Love is the river of life in this world.

▶ 사랑은 이 세상의 생명의 강

깊은 산 속의 작은 샘(**fountain**)에서 시작해서 바위 사이를 흘러내려 시내를 이루고, 들을 적시고 강줄기를 이루어 바다로 이어지는 것처럼 당신의 감정이 고조될 때, 당신은 비로소 사랑을 깨닫게 되는 것이다.

그리고 애정을 단순한 우정과 구별하게 되는 것은, 그것이 **torment**(고뇌)를 수반한다는 것을 알게 될 때부터이다.

명언

You can fool all the people some of the time, and some of the people all the time, but you cannot fool all the people all the time.

- A. Lincoln *링컨 Abraham Lincoln (1809–65) 미국의 제16대 대통령(1861–65).*

▶ 모든 국민을 잠시 속일 수는 있다. 얼마간의 국민을 언제까지나 속일 수는 있다. 그러나 모든 국민을 언제까지나 속일 수는 없다.

역시, **the government of the people, by the people, for the people**(민중의, 민중에 의한, 민중을 위한 정부)이라고 민주 정치의 근원을 밝힌 **Lincoln**이라 국민이 어떠한 것인가를 잘 깨우쳐 주고 있다. "민심은 천심"이라는 우리 나라 말도 빛을 볼 만하다.

특히 역사상 독재자들이 이 말을 경시했다가 패망한 예가 많다. 당장은 속여서 국민을 마음대로 통제할 수 있으나 언제까지나 계속될 수는 없다. 언제고 우매해 보이기만 했던 백성은 무섭게 들고 일어나 항거하게 마련이다.

Love is blind.

사랑은 장님.

사랑을 운동 경기에 비유하면,

▶ **Love is the only game in the world in which the players like to remain on the bench.**

▶ 사랑은 경기자가 벤치에 남아 있기를 바라는 유일한 게임이다.

on the bench는 스포츠 용어에서 '대기하다'의 뜻이지만, 사랑은 실로 벤치에서 플레이를 하고 있다는 이상한 게임이라는 뜻이다.

▶ **And it is also the only game which is never called on account of darkness.**

▶ 그리고 해가 져서 어두워져도 중지되지 않는 유일한 게임이기도 하다.
* call 중지하다.
* on account of ~ ~ 때문에.

시간의 흐름을 초월한 애인들 사이에는 해가 져서 어두워졌다는 것은 아무런 의미를 형성하지 않는다. 그러나 어두워질수록 불다는 맹목적인 사랑은 후회와 비극의 씨앗을 잉태한다.

▶ **Everybody has to love somebody. The tragedy is that so many people would rather choose themselves.**

▶ 누구나 누군가를 사랑하지 않을 수 없다. 비극은 너무나 많은 사람이 자신을 선택하는 것이다.

냉정한 제3자의 충고에 순순히 따를 수 있다면 일은 수월할 텐데……. 그러나 사랑의 본성은 맹목적(**blind**)인 것을 어쩌랴.

한편, 애정은 여성에게는 인생의 전부이나, 남성에게는 인생의 일부라는 말도 있다. 그만큼 여성은 사랑에 대해서는 맹목적인 존재가 되어 상처받기 쉽다.

▶ **However dull a woman may be, she will understand all there is in love. However intelligent a man may be, he will never know but half of it.**

▶ 여성은 아무리 둔하더라도 사랑의 전부를 이해한다. 남성은 아무리 총명하더라도 그 절반도 이해하지 못한다.

▶ **Love laughs at distance.**

▶ 사랑은 거리를 비웃는다.

일단 사랑에 눈이 먼 사람은 님에게 이르는 길이 아무리 멀고 험난하더라도 일편단심 님을 향해 돌진한다. 비록 그것이 원수의 집안이든 남의 집 유부녀든 개의치 않는다. 생각해 보면 옛날의 연인(戀人)들은 한가한 사람들이었나보다. 로미오도 베르테르도…….

Love me little, love me long.

사랑은 가늘고 길게.

영문을 직역하면 "나를 조금 사랑하되 오래 사랑하라."이다. 너무 급격히 정열을 태우고 보면 오래 지속하지 못한다. 우리 조상들은 "갑작 사랑, 영 이별"(急歡 離別端), 또는 "속히 더운 방이 쉬 식는다."고 경고했다.

여담이지만 **Los Angeles**에서 **Hawaii**로 가는 여객기에는 신혼 여행을 떠나는 커플로 꽉 찬다고 한다. 좌석 배정상 통로를 사이에 두고 떨어져 앉게 되는 쌍은 여기저기 서로 손을 꼭 쥐고 통로를 가로막아 스튜어디스(**stewardess**)가 오고가는 데 크게 방해가 된다고 한다. 그러나 여행이 끝나고 돌아오는 항공편에서는 사정이 달라진다. 손을 맞잡기는 커녕 토라진 쌍이 있는가 하면 말다툼을 계속하는 쌍도 있다. 그 사이에 벌써 사랑의 열기가 식어버린 것이다.

▶ **Love sees no faults.**

▶ 사랑은 흠을 보지 못한다.

열에 들떠 상대방의 결점(**fault**)을 보지 못하니까 일단 열이 식고 나면 갑자기 상대방의 흠이 두드러져 보이기 시작하고, 사랑은 단명으로 막을 내리게 된다.

어느 청년이 애인에게 처음으로 키스하려 하자 아가씨가 펄쩍 뛰며 이렇게 말했다.

▶ **"So you want to kiss me! I didn't know you were that kind."**

▶ 그래 저에게 키스하기를 원한다 이거죠! 자기가 그런 사람인 줄은 몰랐어요.

그러자 청년은 태연스럽게 대꾸하는 것이었다.

▶ **"Honey, I'm even kinder than that."**

▶ 이봐요, 난 그 이상으로 친절한 사람이랍니다.

Honey란, '꿀'의 뜻이나 애인이나 아내의 호칭으로 쓰인다. 아가씨는 that kind를 '그런 종류의 (사람)'의 의미로 한 말이었으나, 청년은 일부러 딴전을 피워 키스 이상의 친절(?)을 베풀 수 있다고 의미심장한 대꾸를 하고 있다. 여하간 이 아가씨는 '가늘지만 긴' 사랑을 염원했던 모양이다.

오스카 와일드(Oscar Wilde)는 이렇게 말한다.

▶ **A man can be happy with any woman as long as he does not love her.**

▶ 남성이란 그 여성을 사랑하지 않는 한 어느 여성과도 행복할 수 있다.

그런데 남성이란 어느 여성과도 빨리 불타버리려 하고 **Love her little, love her long.** 하려 하지 않는다.

명언

Confident and unafraid, we labor on – not towards a strategy of annihilation but towards a strategy of peace.

– J.F.Kennedy *케네디 John Fitzgerald Kennedy (1917–63) 미국의 제35대 대통령.*

▶ 자신을 갖고, 두려움없이 우리는 인류 파멸의 전략을 향해서가 아니라, 평화의 전략을 향해서 계속 노력합시다.

1963년 9월 20일 **UN** 총회에서 행한 고 **Kennedy** 대통령의 연설문의 끝머리이다. 힘찬 이 맺음말에서 그의 결의를 읽을 수가 있다. 이 걸출한 대통령의 죽음은 미국뿐 아니라 세계의 큰 손실이었다.

100 years of delay since President Lincoln freed the salves, yet their heirs, their grandsons are not fully free. (링컨 대통령이 노예를 해방한 지 벌써 백 년이 경과했지만 아직도 그들의 자손은 완전히 해방되지 않고 있다.) 라고 흑인 문제를 개탄한 그가 좀더 살아 있었더라면……. **May he rest in peace!**

Love me, love my dog.

나를 사랑한다면, 나의 개도 사랑하라.

우리 말 속담에 "아내가 귀여우면 처갓집 말뚝에다 절을 한다."는 말이 있다. 우리의 것은 스스로 속마음에서 우러 나는 것에 비해서, 영국의 속담은 극히 명령적이고, 고답적이다. 그런가 하면,

▶ **Love the ground he(or her) treads on**. 이라는 것도 있다. 한문의 '愛, 及屋烏'(사랑은 지붕 위의 까마귀에게까지 미친다.)라는 것과도 일맥이 통하는 속담이다. 즉 누구를 진정으로 사랑하면, 그 주위의 하찮은 것에까지 정이 가는 심리를 비유하는 속담이다.

▶ 그가 〈또는 그녀가〉 밟는 땅도 사랑하라.

그러나 개까지 사랑을 강요하니 그 도가 심하다. 하기야 서양에서는 페트(**pet**:애완동물)에 대한 애정이 굉장해서 개나 고양이를 한 식구처럼 방에서 기르는 가정이 많다.

그러나 그 도가 지나치면 위험하다 언젠가 미국에서는 '앵무새 열병(**parrot fever** [**disease**])'으로 한 가족 6명 중 5명이 사망 및 입원한 소동이 있었다. 이 병의 원인은 집에서 기르는 앵무새 4마리에게 입에서 부리로 먹이를 먹게 한 데서 기인했다고 한다.

이런 이야기를 하며 어느 초등학교 선생님이 학생들에게 동물에게 키스해서는 안 된다는 경고를 한 후,

▶ **"Can you give me an instance of the danger of this, Bobby?"**

▶ **"Yes, my aunt Alice used to kiss her dog."**

▶ **"And what happened?"**

선생님은 의아스러운 눈으로 물었다.

▶ **"It died."**

▶ "보비야, 이런 위험성의 예를 들어볼 수 있겠니?" 라고 질문하자 보비가 말했다.

▶ 네, 우리 집 앨리스 아줌마는 늘 아줌마의 개에게 키스를 했어요.

▶ 그래, 어찌 되었니?

▶ 개가 죽었어요.

Out of sight, out of mind.

떠난 사람은 잊혀진다.

한문에 '회자정리(會者定離 : 만난 사람은 헤어지게 마련이다.)'라는 말이 있다. 아무리 사랑하는 연인이라도, 부부라도, 친구라도, 언젠가는, 어떠한 이유에서든 헤어져야 할 때가 온다.

이 속담을 직역하자면 '**sight**(시야)에서 벗어나면, **mind**(마음)에서도 벗어난다.'가 되는데 피눈물나는 생이별이라 할지라도 세월은 약이라 그 상처를 아물게 해 준다. 이런 의미에서 망각(忘却)이란 일종의 혜택일 수도 있다. 이런 의미를 내포하는 비슷한 속담은 여러 가지가 쓰인다.

명언

A small rock holds back a great wave.

– Homer *고대 그리스의 시인; Iliad와 dyssey의 작가.*

▶ 작은 바위가 산더미 같은 파도를 밀어버린다.

* hold back 뒤로 물러서게 하다.

세계에서 가장 오래된 서사시 일리어드(**Illiad**)를 지어낸 장님 시인 호머(**Homer**)의 말이다. 바닷가의 작은 바위가 쉴새없이 밀려오는 큰 파도를 밀어제치는(**hold back**) 광경에 비유해서, 시세(時勢)나 부당한 압박에서 바위처럼 초연할 수 있는 확고한 인격을 이 짧은 명언은 칭송하고 있다.

▶ Long absent, soon forgotten.
▶ Seldom seen, soon forgotten.
▶ Long absence alters affection.

▶ 오랜 부재 기간은 곧 망각을 수반한다.
▶ 자주 만나지 않으면 곧 잊혀지고 만다.
▶ 오랫동안 자리를 비우면 애정도 식는다.
* **affection** 보살핌 애정

Spare the rod and spoil the child.

매를 아끼면 아이를 버린다.

Spare(아껴두다)와 **spoil**(버리다, 못쓰게 만들다)과, **rod**(매)와 **child**를 교묘히 대응시킨 속담이다. "귀한 자식 매 한 대 더 때리고, 미운 자식 떡 한 개 더 준다."의 서양관이다.

명언

An iron curtain has descended across the Continent.

– Winston Churchill *윈스턴 처칠 (1874~1965) Winston Leonard Spencer Churchill, 영국 정치인.*

▶ 철의 장막이 대륙을 가로질러 내려졌다.

"철의 장막"이라고 흔히 말하지만 그 기원은 영국의 수상 처칠(**Churchill**)경이 1946년 3월 5일 미국 **Westminster College**에서 행한 연설에서 처음 나온 말이다. 2차 세계대전 후 연합국의 대열에서 이탈한 소련이 단절의 장막을 치고 세계 적화의 야욕을 음모하는 추세를 표현한 말이다.

처칠은 다재다능한 인물이어서 정치 외에도 그림을 그렸고, '2차대전 회고록'과 같은 저술에도 힘썼다.

현대는 과보호 시대로서 아이들에게 약한(?) 부모가 늘어가는 추세에 있는 것 같다. 이것이 도가 지나쳐 버리면 아이는 독립 정신이 결여된 겁많고(**timid**) 의지력없는(**spineless**) 성격의 소유자가 되어 버린다.

▶ **It is possible for one human being to destroy completely the happiness of another without either of them being fully aware of what is happening.**

▶ 한 사람의 인간이, 또 한 사람의 인간의 행복을, 두 사람 다 무엇이 일어나는지도 전혀 모르는 사이에 완전히 파괴할 가능성이 있다.

* **destroy** 파괴하다.
* **aware of** ~을 인식하다.

서양에서는 아이들의 버릇을 바로잡기 위해 제멋대로 굴거나, 바람직하지 못한 잘못을 저지르면 엉덩이를 때리는(**spanking**) 벌을 주는 경우가 흔하다. 여기에 연유해서 다음과 같은 격언이 만들어졌다.

▶ **A boy should learn right from wrong at his mother's knee or across his father's.**

즉, 어머니의 무릎에(**at**) 앉혀져 자애로운 가르침으로, 때로는 아버지의 무릎에 엎어져서(**across**) 볼기를 맞으며 무엇이 옳고(**right**) 그른(**wrong**)가를 배워야 한다는 것이다. 전치사 **at** 과 **across**를 잘 음미해 보기 바란다.

▶ 아이는 어머니의 무릎에서, 또는 아버지의 무릎에 가로 뉘어져서 선악의 구별을 배워야 한다.

The mother's breath is always sweet.

어머니의 숨결은 언제나 달다.

모성애에 관한 속담이다. 모성애란 인간뿐이 아니라 거의 모든 동물이 지닌 본능에 가까운 것이다.

- 어느 도시, 어느 가정에서 한 여성이 안락의자에 기대어 잠들어 있었다.

▶ **The telephone rang.**

▶ 전화가 울렸다.

그러나 여인은 잠에서 깨지 않았다.

▶ **Fire engines clanged around the corner.**

▶ 불자동차가 요란한 소리를 내며 길모퉁이를 돌아갔다.

* **clang** 쨍그렁 울리다. 쨍그렁.

잠시 후 이웃집에서 누군가 재즈음악의 볼륨을 크게 올렸지만 여인은 죽은 듯 잠에 빠져 있었다.

그때 놀라운 일이 일어났다. 창 밖에서 아주 희미한 목소리 같은 것(**the faintest kind of voice**)이 들렸다.

▶ **"Mummy!"**

▶ 엄마!

▶ **Like a shot out of a gun she was out of the chair and at the side of her three-year-old girl.**

▶ 총에서 발사된 탄환처럼 의자에서 일어난 여인은 세 살 된 딸아이 곁에 와 있었다.

잠결에 들리는 모든 소음에는 무관심할 수 있었지만 자식의 부름에는 본능적인 반응을 보인 것이다. 그러나 모성애가 지나쳐 아이에게 과보호적(**overprotective**)이 되면 곤란하다.

▶ **The best cared-for children are not necessarily happy.**

▶ 가장 소중하게 돌봐 준 아이가 반드시 행복한 것은 아니다.

아이를 자기의 소유물로 생각 말고 – **Let go the apron string.** (아이를 붙잡아 맨 앞치마 끈을 풀러) 자립 정신을 길러 주는 것이 긴요하다. 그리고 잔잔하고 따뜻한 숨결로 약간 떨어진 곳에서 아이를 감싸 주는 모정(母情)이 바람직한 것이다.

명언

Love is best.

– R. Browning *브라우닝 Robert Browning(1812–89) 영국의 시인.*

▶ 사랑이 최고다.

간단 명료. 의미는 자명할 것이다. 19세기 영국의 시인 **Robert Browning**과 그의 애처 **Elizabeth**는 많은 장애를 무릅쓰고 사랑의 결실을 보았었다. 그들의 생애를 돌이켜 생각하면 그의 이 한마디는 더욱 의미가 심장해진다.

이밖에 **Love is stronger than death.** (사랑은 죽음보다 강하다.) **Many waters cannot quench love.** (대량의 물도 사랑의 불을 끌 수는 없다.) 등 사랑의 강대함을 비유한 말은 많이 남아 있다. 그러나! 나이를 먹어 갈수록 사랑의 힘은 약해지고 타산적이 된다.

When poverty comes in at the door, love flies out of the window.

가난이 문 안으로 들어서면, 애정은 창 밖으로 달아난다.

* poverty [pɑ:vərti] 가난, 결핍.

그렇게 금실이 지극했던 부부도 형편이 가난해지면 싸움이 잦아지는 것은 사실이다.

Absence makes the heart grow fonder.

만나지 못하면 더욱 간절한 마음.

* fond [fɑ:nd] 좋아서 애정있는, 다정한.

애정이란 야릇한 것이어서 만나지 못하면 더욱 간절해진다. 그 도가 지나치면 상사병이라는, 약으로도 고칠 수 없는 지경에 이른다. 황진이가 기생이 되기로 결심한 것도 자기를 사모하는 나머지 상사병으로 죽어간 총각 때문이다. 상여가 자기 집 담 너머에서 움직이려 하지 않자 황진이가 자기 속적삼을 벗어 총각의 상여에 얹어주었더니 발이 떨어졌다고 한다. 그 죄책감 때문에 그녀는 한 남성에게 독점당하는 '결혼'이라는 것을 박차고 뭇 남성의 공유물이 되는 기생의 길을 택했다던가.

하여간 멀리 떨어져 만나지 못하면 님의 결점은 잊어 버리고 장점만이 되살아나 더욱 간절한 마음을 북돋는다. 이 속담의 원조는 18세기경의 격언집에.

▶ **Absence sharpens love. Presence strengthens it.**

▶ 만나지 못하면 애정은 예민해지고, 만나면 강렬해진다.

이라는 것이 있는데 이것이 19세기에 속담으로 정착한 것 같다.

그러나 그 고비를 넘기고, 다행히 상사병에서 회복이 될 수 있다면 앞서 나온 속담처럼.

▶ **Out of sight, out of mind.**

▶ 시야에서 벗어나면 잊혀진다.

▶ **Long absent, soon forgotten.**

▶ 오랜 부재 기간은 곧 망각을 초래한다.

이렇게 해서 마음의 평정을 되찾게 된다. 유행가의 가사처럼 "세월이 약이겠지요－", 피골(皮骨)이 상접했던 신체에 다시 살이 붙기 시작한다.

All is fair in love and war.

사랑과 전쟁에는 어떠한 수단방법이라도 정당하다.

이 속담을 좀더 구체적으로 나타낸 다른 속담에,

▶ **A faint heart never won a fair lady.**

▶ 허약한 심장으로 미인을 차지한 예가 없다.

Thou shalt love thy neighbor as thyself.

－Bible

▶ 너의 이웃을 사랑함을 너 자신을 사랑하듯 하라.

자기만을 아는 이기적인 현대인에게는 반성의 일침이 되는 그리스도교의 가르침이다. 성서에 두 번씩이나 등장하는 이 말씀은 사랑을 우선 이웃으로부터 점차 확산해 가기를 타이르고 있다. 그러나 극성스러운 이웃의 경우는 이웃이 내 집에 숟가락이 몇 개 있는지조차 알고 있을 정도여서 '이웃은 자기 자신보다 나를 더 잘 아는 사람'이라는 정의를 내릴 정도이니 사랑은커녕 두려울 지경이기도 하다.

한편 **neighbor**의 **neigh-**는 그 어원이 **next**의 뜻이고, **thou**는 **you**, **shalt**는 **shall**, **thy**는 **your**의 고어체이다.

라는 것이 있다. 다시 이 속담을 뒤집어 말한 것에,

▶ **None but the brave deserve the fair.**

▶ 용감한 자만이 미인을 차지한다.

라는 것이 있다.

이것을 여성의 입장에서 말한 속담도 있다.

▶ **The woman who deliberates is lost.**

▶ 망설이는 여자는 잃게 마련이다.

＊ **deliberate** 잘 생각하다. 숙고하다.

Every Jack has his Gill.

고무신도 짝이 있다.

여기에서의 **Jack**은 남성의 흔한 이름이고, **Gill**은 역시 흔한 여성의 이름, 직역하면 "모든 잭은 그의 질을 갖고 있다."로서 우리의 표현으로 바꾸어 말하자면, "고무신에도 짝이 있다."의 의미가 된다.

16세기경에 생겨난 이 속담은 문호 셰익스피어도 그의 희곡 '한 여름 밤의 꿈'에서 다음과 같이 인용하고 있다.

▶ **Jack shall have Gill. Nought shall go ill. The man shall have his mare again. And all shall be well.**

▶ 잭은 질과 맺어져 행복을 누릴 것이며, 남자는 여자와 인연을 회복해서 모두가 행복을 누리리라.

Pity is akin to love.

동정은 곧 애정.

＊ **pity** [pɪti] 동정, 유감, 불쌍히 여기다.

akin은 '유사한, 같은 종류의'의 뜻이다.

동정이나 애정이나 정에는 틀림없다. 이것이 이성간의 동정이라면 쉽게 애정으로 발전한다는 것은 무리가 아니다. 호감을 전제로 하지 않고는 동정의 마음도 우러나지 않기 때문이다.

애정 각국의 속담

▶ **The greatest love is mother's love, after that comes a dog's love, and after that the love of a sweetheart.** - *Poland*

가장 위대한 사랑은 어머니의 사랑, 그 다음이 개의 사랑이고, 연인들의 사랑이 그 뒤에 온다.

▶ **The father's love lasts to the grave, the mother's love eternally.** - *Russia*

아버지의 사랑은 무덤까지 가고, 어머니의 사랑은 영원하다.

▶ **Without bread and salt, love cannot exist.** - *Poland*

빵과 소금없이 사랑은 존재하지 못한다.

▶ **To love a thing makes the eye blind, the deaf.** - *Israel*

사랑한다는 것은 사람으로 하여금 눈이 멀고, 귀가 멀게 한다.

▶ **Send the boy to travel that you love the best.** - *India*

가장 사랑하는 자식을 여행길에 내보내라.

▶ **Music is nothing if love is gone.** - *Arab*

사랑 없이는 음악이 무엇이랴.

▶ **Love starts from the eyes.** - *Italy*

사랑은 눈으로부터 시작된다.

▶ **Love is like soup, the first mouthful is very hot, and the ones that follow become gradually cooler.** - *Spain*

사랑은 수프와 같은 것, 처음 한 입은 뜨거우나 다음부터는 점차 식어간다.

▶ **There's no physician or physic for love.** - *Ireland*

사랑에는 의사도 약도 없다.

▶ **Young lovers wish, and married men regret.** - *India*

젊은 연인들은 희망을 갖고, 기혼자는 후회를 갖는다.

001 사랑은 감미로운 고통.

002 사랑은 장님.

003 사랑은 가늘고 길게.

004 나를 사랑한다면, 나의 개도 사랑하라.

005 떠난 사람은 잊혀진다.

006 매를 아끼면 아이를 버린다.

007 어머니의 숨결은 언제나 달다.

008 가난이 문 안으로 들어서면, 애정은 창 밖으로 달아난다.

009 만나지 못하면 더욱 간절한 마음.

010 사랑과 전쟁에는 어떠한 수단방법이라도 정당하다.

Key Word

001 sweet torment.
002 blind.
003 little, long.
004 Love me.
005 sight, mind
006 spare, rod, spoil
007 breath, sweet.
008 poverty, flies, window.
009 absence, fonder.
010 fair, love, war

Answer

001 Love is sweet torment.
002 Love is blind.
003 Love me little, love me long.
004 Love me, love my dog.
005 Out of sight, out of mind.
006 Spare the rod and spoil the child.
007 The mother's breath is always sweet.
008 When poverty comes in at door, love flies out of window.
009 Absence makes the heart grow fonder.
010 All is fair in love and war.

011 고무신도 짝이 있다.

012 동정은 곧 애정.

013 사랑은 흠을 보지 못한다.

014 너의 이웃을 사랑함을 너 자신을 사랑하듯 하라.

015 시야에서 벗어나면 잊혀진다.

016 오랜 부재 기간은 곧 망각을 초래한다.

017 용감한 자만이 미인을 차지한다.

018 혼인은 하늘에서 정한다.

019 사랑한다는 것은 사람으로 하여금 눈이 멀고, 귀가 멀게 한다.

020 사랑에는 의사도 약도 없다.

Key Word

011 Jack, Gill
012 pity, akin.
013 faults.
014 shalt, neighbor, thyself
015 sight, mind
016 absent, forgotten.
017 deserve, fair.
018 marriages, heaven.
019 blind, deaf.
020 physician, physic.

Answer

011 Every Jack has his Gill.
012 Pity is akin to love.
013 Love sees no faults.
014 Thou shalt love thy neighbor as thyself.
015 Out of sight, out of mind.
016 Long absent, soon forgotten.
017 None but the brave deserve the fair.
018 Marriages are made in heaven.
019 To love a thing makes the eye blind, the deaf.
020 There's no physician or physic for love.

02 우정에 관한 속담

A friend in need is a friend indeed.

곤경에 처했을 때의 친구가 진정한 친구이다.

여기에서 **in need**는 '곤경에 처했을 때(=**time of difficulty**)'를 의미한다. 그리고 **in need**와 끝머리의 **indeed**를 조화시킨 속담임을 알고 넘어가야겠다. 그리고 **indeed**는 **in+deed**로서 **deed**는 '행위'의 뜻이므로 **a friend in deed**(행위로 옮기는 친구)로 해석해 보는 것도 재미있다.

벤자민 프랭클린(**Benjamin Franklin**)에게 옛친구가 찾아왔다. 무척 곤궁하니 50달러만 차용해 달라는 것이었다. 프랭클린은 선뜻 50달러를 건네주었다.

그러자 친구는 **I.O.U.**(= **I owe you** : 차용증명서)를 쓰게 종이 한 장을 달라는 것이었다. 프랭클린은 이렇게 말했다.

▶ **"What! Do you want to waste my stationery as well as money?"**

▶ 뭐라고! 자네는 내 돈 뿐만 아니라 내 문방구도 낭비할 셈인가?

50달러는 돌려받을 생각에서 꾸어준 것이 아니라는 의도를 재치있게 피력한 우정어린 한마디라 하겠다.

▶ **Today's profits are yesterday's good well-ripened.**

▶ 오늘의 이익은 어제의 선의가 열매 맺은 것이다.

착한 마음으로 남을 도와주면 언젠가는 그것이 자기의 이익으로 환원되어 열매를 맺게 되는 것이다.

Better be alone than in bad company.

나쁜 교우 관계보다는 혼자 있는 것이 더 낫다.

이 격언은 **You had better be alone**…… 에서 앞 부분이 생략된 형태이다. **It is better to be alone than in bad(or ill) company** 처럼 말하기도 한다. 비슷한 내용의 것으로,

▶ **A man is known by the company he keeps.**

▶ 사람의 그의 교우 관계로 평가될 수 있다.

가 있다. 아무리 그렇지 않은 척 하더라도 사귀는 벗의 질이 좋지 않으

명언

But love is blind, and lovers cannot see the pretty follies they themselves commit.

- William Shakespeare

▶ 그러나 사랑은 장님이기에 사랑하는 자들은 스스로가 범하는 유치한 바보짓을 보지 못한다.

그의 작품 '베니스의 상인'에 나오는 구절이다. 여기에서의 **pretty**는 '아이 같은 유치한'의 뜻이고 **follies**는 **folly**(어리석은 짓)의 복수.

사랑의 신 **Cupid**는 날개를 가진 미소년의 신으로 눈가림을 하고 다닌다.

이 철부지 신은 금과 납의 두 가지 화살을 들고 다니며 마음 내키는 대로 쏘아댄다. 눈을 가리고 쏘아대니 누구에게 어떤 화살이 맞을지 모른다. 금의 화살을 맞으면 그 즉시 최초에 본 이성을 사랑하게 되고, 납의 화살에 맞으면 반대로 최초에 본 사람을 몸서리치도록 싫어하게 된다.

Cupid의 어머니는 사랑의 여신 **Venus**.

면 스스로도 좋은 평가를 받기는 어렵다. 우리 속담의 "동무 사나워 뺨 맞는다."가 바로 그것이다. 여기에서의 **company**는 '벗, 동료'의 뜻. 그 어원(어원)을 살펴보면, **com-**(더불어)과 **pania**(빵)가 한 덩어리가 되어 만들어진 것으로, 말하자면 '빵을 더불어 나누어 먹는 사이'를 뜻한다.

그런데 좋은 친구와 나쁜 친구의 구별은 쉬운 일이 아니다. 더구나 친구가 되는 계기는 우연한 것으로, 의도적으로 좋은 친구를 얻기란 그리 쉬운 일이 아니다.

▶ **A friend is not so soon got as lost.**

직역하면 "친구는 잃은 만큼 간단히 얻을 수 없다."가 된다.

▶ 친구는 얻기 어렵고, 잃기 쉽다.

한편 얻어진 친구에 대해서는,

▶ **The best way to keep your friends is never to give them away.**

▶ 친구를 지키는 최상의 방법은 결코 배반하지 않는 것이다.

* give away 넘겨주다. 폭로하다. 배반하다.

그렇다고 해서 저쪽에서 나를 배반할 수도 있거니와 친구를 잃을까 봐 전전긍긍하는 것도 소망스러운 태도는 아니다.

어느 직장 여성으로서 여가만 있으면 여행을 다녀오는 아가씨는 이렇게 말한다.

▶ **"It's surprising how people and their reactions vary from place to place. But one thing never varies – the birds."**

▶ 고장에 따라 사람들이나 그들의 반응도 달라지는 것은 놀라울 정도입니다. 그러나 한 가지만은 결코 달라지지 않아요. – 새 말이에요.

* reactive 반응.
* Vary 달라지다.
* from place to place 곳에 따라.

그녀의 최대의 기쁨은 낯선 고장에 가서 그곳의 숲과 들에서 지저귀는 새소리를 듣고 모이를 주는 것이라고 한다. 새들은 언제 어디서나 변함이 없는 최상의 친구(**best company**)여서 배반을 모른다는 것이다.

하기야 인간사회의 위선과 기만을 겪고 나면 자연을 벗하게 되는 것도 무리가 아니리라.

Birds of a feather flock together.

같은 깃털의 새는 함께 무리를 짓는다.

* **flock** [flɑ:k] 무리, 무리짓다.

한문으로는 '유유상종(類類相從)'이라고 한다. 마음이 사악한 사람은 악인과 작당하고, 마음이 선한 군자의 주위에는 그 덕을 추앙하는 사람들이 모여들게 마련이다.

여기의 **a feather**의 **a**는 **the same**의 의미, 공부를 열심히 하는 노력파는 노력파끼리 상종하고, 비행 소년들은 비행 소년들끼리 공모하여 다른 패거리들을 굻려줄 작전계획을 세운다.

Tell me not, in mournful numbers, "Life is but an empty dream!"

- Henny Wadsworth Longfellow

▶ 나에게 말하지 마라, 서글픈 가락으로, '삶은 한낱 허무한 꿈!'이라고.

* **mournful** [mɔ:rnfl] 슬픔에 잠긴, 애처로운.

미국의 시인 롱펠로(**Longfellow** 1807~1882)의 '인생찬가'(**A Psalm of Life**) 첫머리의 2행이다. 순수하게 인생을 긍정하고, 진지하게 살 노력을 노래한 건설기의 미국의 자세를 노래한 구절이다.

셰익스피어의 맥베스에 나오는, **Out out, brief candle! Life's but a walking shadow.**

(꺼져라 꺼져라, 초 토막이여! 인생은 걸어다니는 그림자에 불과하다.) 와 같은 비관적인 견해와는 극히 대조적이라 하겠다.

a를 the same의 뜻으로 사용한 격언은

▶ **Two of a trade seldom agree.**

▶ 같은 종류의 장사를 하는 두 사람은 의견 일치를 보지 못한다 - 앙숙이다

또는

▶ **No two men are of a mind.** 등이 있다.

▶ 같은 마음을 지닌 두 사람은 없다 - 사람마다 마음이 다르다.

한편 아무리 성격이 다른 사람들이라 해도 오래 동화되면 비슷한 타입의 인간형이 된다고 해서

▶ **Like husband, like wife.**

▶ 부부는 닮는다.

라는 것도 있다.

명언

Love is like the measles; we all have to go through it.

- Jerome

▶ 사랑이란 홍역 같은 것. 누구나 겪어내야만 한다.

K Jerome(1859~1927)은 영국의 유머 소설가로서. **Three Men in a Boat**(보트 안의 세 사나이) 등 여러 작품을 썼다.

measles[mí:zlz]는 '홍역'의 뜻. 반점이 하나 둘이 아니기에 아예 단수형이 없다.

하여간 사랑이 홍역 같은 거라면 빨리 앓고 빨리 회복하는 편이 득일 게다. 나이 40이 다 되어서 걸렸다가는 남보기도 징그럽고 그 증세도 무섭다고 한다.

이러한 내용을 **Douglas Jerrold**는 다음과 같이 이 구절을 인용해서 말하고 있다.

Love's like the measles - (It is) all the worse when it comes late in life. (사랑은 홍역 같은 것이어서 늦게 올 때 더욱더 안 좋다.)

유머 한 토막 – 어머니가 12살 난 아들에게 이렇게 타일렀다.

▶ **"Your girl friend won't like you if you don't wash your neck."**

▶ 네가 목을 잘 닦지 않으면 네 여자 친구가 너를 좋아하지 않을 거야.

그러자 녀석은 태연히 대꾸하는 것이었다.

▶ **"Oh, that's all right. Hers is dirty, too."**

▶ 아, 상관없어요. 그 애 목도 더러운걸요.

한편 서양의 속담에서는 새의 깃털을 인용했는데 비하여, 우리 속담에서는 색채와 갑각류를 등장시켜 같은 내용을 이렇게 비유하고 있다.

즉, "초록(草綠)은 동색(同色)."이라고 해서, 서로 같은 무리끼리 한 패가 된다고 했고, "가재는 게편."이라고 해서, 서로 유사점을 지닌 자들끼리 작당을 하게 됨을 비유했다.

이러한 동류의식(同類意識)은 고향이 같은 사람들의 애향심이나 동족애로까지 확산한다. 어느 회사 인사부장은 입사 시험에서 동점이면 자기 고향 사람을 점찍는다. "손이 들이굽지 내굽을까."

A friend to all is friend to none.

만인에게 친구는 아무의 친구도 아니다.

우정이란 그렇게 흔한 것이 아니다. "벗 따라 강남(강남)간다."고, 벗을 위해 생사고락을 같이 나눌 진지한 '위함'이 없다면 피상적인 우정에 지나지 않는다. 그래서,

▶ **Better an open enemy than a false friend.**

▶ 기만적인 친구보다는 공공연한 적이 낫다.

라고, 위선적인 친구를 경계하라고 했다.

이 속담은 원래 그리스의 철학자 아리스토텔레스의 말이었으나 7세기경 영어의 속담으로 자리를 굳혔다.

Lend your money and lose your friend.

돈을 빌려주면 친구를 잃는다.

금전 관계의 어려움을 경계하는 속담이다. 친구의 간청에 못이겨 금전을 빌려주고 나면 빚을 갚아주기를 원하는 입장과, 빚을 갚을 길이 없는 입장이 서로 서먹해져 우정에 금이 가기 쉽다. 경우에 따라서는 "빚주고 뺨 맞는다."는 격으로 원한을 사기도 한다.

셰익스피어는 그의 작품 '햄릿'에서,

▶ **Neither a borrower nor lender be, for loan oft loses both itself and friend.**

라고 말하고 있다. 운수가 좋아 둘 다 잃지 않는다 하더라도 어느 한쪽은 잃는 수가 대부분이다.

▶ **If you lend a friend money you will lose either the money or the friend.**

▶ 돈을 빌리지도 빌려주지도 말지어다. 금전의 대여는 돈과 친구를 둘 다 잃기 쉬운 까닭이니라.
＊ oft=often의 고어, 시어.
▶ 친구에게 돈을 꾸어 주면 돈을 잃거나 친구를 잃게 될 것이다.

이상과 같은 내용을 뒤집어 말한 속담으로는,

▶ **Short debts make long friends.**

▶ 빚을 빨리 갚으면 우정은 오래 간다.

Evil communication corrupt good manners.

사악한 자와의 친교는 행실을 망친다.

악우(惡友)와 사귀면 자연히 감화를 받아 자기 스스로도 타락하게 된다는 의미로 성서의 '고린도 전서'에 나오는 말이다.

우리 속담에서는 "동무 사나워 뺨 맞는다.", "죄 지은 놈 옆에 있다가 벼락맞는다." 등 그 맥을 같이 하는 속담이 있다.

우정 각국의 속담

▶ **Friendship is like wine – the older the better.** – *Poland*

우정은 술과 같은 것 – 묵을수록 좋다.

▶ **Friends are lost by calling often and calling seldom** – *Scotland*

친구는 자주 들름으로써, 그리고 아주 들르지 않음으로써 잃는다.

▶ **My friends' friends are my friends.** – *France*

나의 친구의 친구는 나의 친구이다.

▶ **Being without friends is worse than having enemies.** – *Germany*

친구를 갖지 못하는 것은 적을 갖는 것보다 못하다.

▶ **Friends are made in wine and proved in tears.** – *Germany*

친구는 술로 맺어지나, 눈물로 증명된다.

▶ **In bad times false friends and flies disappear.** – *Spain*

역경에 처했을 때 위선적인 친구와 파리는 사라진다.

▶ **Do not protect yourself by a fence, but rather by friends.**
– *Czechoslovakia*

울타리로 너 자신을 보호하려 하지 말고, 친구로써 보호를 받아라.

▶ **If you want to lose your friend, grant him a loan.** – *Russia*

친구를 잃고 싶거든 돈을 꾸어 주라.

▶ **Go to thy rich friend's house when called, go uncalled to thy poor friend's house.** - *India* (* thy = your의 고어)

부자인 친구에게는 초대되면 가고, 가난한 친구에게는 초대되지 않았을 때 가라.

▶ **Be friends with a man's goodness and not with his wealth.** – *China*

그 사람의 선량성으로 해서 친구는 되되, 그 사람의 부로 해서 친구는 되지 말라.

Check Up
영작연습

021 곤경에 처했을 때의 친구가 진정한 친구이다.

022 나쁜 교우 관계보다는 혼자 있는 것이 더 낫다.

023 같은 깃털의 새는 함께 무리를 짓는다.

024 만인에게 친구는 아무의 친구도 아니다.

025 돈을 빌려주면 친구를 잃는다.

026 사악한 자와의 친교는 행실을 망친다.

027 오늘의 이익은 어제의 선의가 열매 맺은 것이다.

028 사람의 그의 교우 관계로 평가될 수 있다.

029 친구는 잃은 만큼 간단히 얻을 수 없다.

030 친구를 지키는 최상의 방법은 결코 배반하지 않는 것이다.

Key Word

021 friend, indeed.
022 alone, company.
023 birds, feather.
024 friend, none.
025 lend, money.
026 evil,manners.
027 profits, ripened.
028 known, company.
029 friend, lost.
030 friends, away.

Answer

021 A friend in need is a friend indeed.
022 Better be alone than in bad company.
023 Birds of a feather flock together.
024 A friend to all is friend to none.
025 Lend your money and lose your friend.
026 Evil communication corrupt good manners.
027 Today's profits are yesterday's good will ripened.
028 A man is known by the company he keeps.
029 A friend is not so soon got as lost.
030 The best way to keep your friends is never to give them away.

031 같은 종류의 장사를 하는 두 사람은 의견 일치를 보지 못한다.

032 같은 마음을 지닌 두 사람은 없다.

033 네 목을 잘 닦지 않으면 여자 친구가 좋아하지 않을 거야.

034 아, 상관없어요. 그 애 목도 더러운걸요.

035 기만적인 친구보다는 공공연한 적이 낫다.

036 빚을 빨리 갚으면 우정은 오래 간다.

037 친구는 술로 맺어지나, 눈물로 증명된다.

038 친구를 잃고 싶거든 돈을 꾸어 주라.

039 부부는 닮는다.

040 나의 친구의 친구는 나의 친구이다.

Key Word

031 trade, seldom , agree.
032 men, mind.
033 friend, neck.
034 Hers is dirty.
035 enemy, false.
036 debts, friends.
037 proved, tears.
038 lose, loan.
039 husband, like wife.
040 my friends.

Answer

031 Two of a trade seldom agree.
032 No two men are of a mind.
033 Your girl friend won't like you if you don't wash your neck.
034 Oh, that's all right. Hers is dirty, too.
035 Better an open enemy than a false friend.
036 Short debts make long friends.
037 Friends are made in wine and proved in tears.
038 If you want to lose your friend, grant him a loan.
039 Like husband, like wife.
040 My friends' friends are my friends.

Proverbs & Wise Sayings

03 교육에 관한 속담

All work and no play makes Jack a dull boy.

공부만 하고 놀지 않으면 아이는 바보가 된다.

Jack은 대표적인 사내아이들의 이름. 우리 나라의 똘똘이에 해당한다. 이 격언은 그 요점이 "열심히 공부도 하고 놀 때는 잘 놀아라."이다. **All play and no work**도 곤란하지만 요즘 같은 시험 지옥 속에서는 **all work and no play**만으로도 S대학교에 입학하기란 어렵겠다.

새벽 7시에 집을 나서면 → 두 개 싸 간 도시락으로 점심과 저녁을 먹고 → 도서관이나 학원에서 집에 돌아오면 12시 → 숙제를 하고 자는 시간은 새벽 1시…….

아들의 얼굴을 한 달 만에 보고, "너 그 동안 많이 컸구나." 하는 아버지가 늘어가고 있다.

Jack이 등장하는 말에,

▶ **Jack of all trades, and master of none.**

▶ 팔방 미인이 정통한 일은 하나도 없다.

라는 것이 있다. 여기에서 **Jack of all trades**는 '모든 일에 능한 사람'의 뜻.

하여간 이 속담은 자식들의 공부에 지나치게 치맛바람을 일으키고 다니는 학부모들에게 딱 들어맞는 속담이라 하겠다. 아직 어린 자식에게 학교 공부는 물론 피아노의 레슨을 받아라, 화실에 가서 그림 공부를 해라, 무용을 배워라…… 몰아치다 보면 아이는 시들고 만다. 자기 눈에는 자식이 천재로 보이니 탈이다.

▶ **However brilliant children may appear, they are still human beings.**

▶ 제아무리 아이들이 영리해 보여도, 역시 인간에 지나지 않는다.

아이를 너무 과대평가하는 것은 아이에게 도움이 되어주기는 고사하고 오히려 해가 된다. (**do more harm than good**). 다음의 격언 역시 모두가 이러한 경향을 경고한 것으로 자식을 둔 부모들로서는 마음에 새겨둘 말들이다.

▶ **A man at five may be a fool at fifteen.**

▶ **Early ripened, early rotten.**

▶ **Children need a certain amount of recreation and leisure if they are to grow up naturally.**

▶ 다섯 살에 어른이 다 된 아이는 열다섯 살쯤 되면 바보가 된다.

▶ 일찍 여물면, 일찍 썩는다.

▶ 아이들이 자연스럽게 성장하기 위해서는 어느 정도의 레크리에이션과 여가가 필요하다.

명언

There are no friends at cards or world politics.

– F.P.Dunne *Finley Peter Dunne(1867~1936)은 미국의 유머 작가.*

▶ 노름과 세계 정치에는 친구란 없다.

이기느냐 지느냐, 먹느냐 먹히느냐, 지배하느냐 지배당하느냐 하는 막다른 승부의 세계에서는 친구란 존재할 수 없음을 비유하고 있다. 이해가 엇갈리면 어제의 우방도 적이 된다. **Red China**(중공)와 **Soviet Union**(소련)의 암투를 보면 알 수 있을 것이다. 그런가 하면 한국 전쟁 때 총을 마구 쏘았던 미국의 대통령이 북경에 가서 술대접을 받기도 했다.

Card는 '트럼프'를 가르키며 뒤집어 말하면 돈 놓고 돈 먹기의 노름을 뜻하고 있다.

Never too old to learn.

배움에 나이가 많다는 법은 없다.

이것은 독일에서 있었던 실화이다. 암에 걸린 어느 학자가 있었다. 사형 선고를 받은 거나 다름이 없다. 그런데도 난해한 그리스어를 배우기 시작했다. 그리고 마침내 임종이 임박해서 '나, 이렇게 죽노라.'라고 그리스어로 쓰고 죽었다.

부질없는 짓이라고 비웃을 것인가? "내일 이 세상이 멸망한다 해도 나 오늘 한 그루의 사과나무를 심겠다."고 말한 사람도 있다.

대학을 나오기만 하면 책과 담을 쌓고 마는 우리는 반성할 바가 많다. 공부는 한평생 지속되어야 하는 것이다.

그런 추세에서 신부학교(新婦學校)니, 노인학교 등이 생겨나고 있다.

한편 미국에서는 졸업식을 **Commencement**(시작)라고 말한다. 학문은 이제 끝나는 것이 아니라 비로소 시작되는 것이라는 이치가 담겨진 낱말이다. 하물며 햇병아리 같은 고교 졸업생이 졸업식이 끝나자마자 교복을 찢고 밀가루를 뒤집어쓰는 꼴불견이란!

Practice makes perfect.

거듭 연습함으로써 완전할 수 있다.

위의 **perfect**는 형용사로 '완전한'의 뜻. **Makes**는 타동사이므로 형용사를 목적어로 취하는 것은 이상한 일이지만, 속담은 문법에 구애되지 않고 간결히, 요령있게 표현하는 속성이 있으므로 크게 구애될 일이 아니다. 그리고 이 속담과 내용이 비슷한 것에 다음과 같은 것도 있다.

▶ **Custom makes all things easy.**

▶ 습관은 모든 일을 쉽게 해준다.

무엇을 배울 때에 이것저것 이론만 캐려 들지 말고 몇 번이고 반복해서 연습(**practice**)하면 자연히 깨닫게 마련이다. 특히 어학이란 반복해서 쓰고, 듣고, 말해야만 진가를 발휘한다.

▶ **Practice is the best teacher.**

▶ 연습은 최상의 교사이다.

라는 형태도 있다.

명언

A crowd is not company, and faces are but a gallery of pictures.

- F. Bacon

▶ 군중은 친구가 아니다. 얼굴은 전람회에 불과하다.

진짜 친구는 흔한 것이 아니다. 얼굴만 많이 알고 있다고 해서 무슨 소용이 되겠는가! 그러나 야박한 오늘의 야심가들은 무작정 얼굴을 팔고, 아는 사람(친한 사람이 아님)을 많이 만들어 이용하려고 한다.

어쨌거나 세상 인정이란 이쪽이 밥술깨나 먹고 이용 가치가 있어 보이면 모여들기 마련, 낙선한 국회의원, 파산한 사업가의 집에는 빚쟁이만 모여들기 마련이다. "정승집 개가 죽으면 조문객이 꼬리를 무나 정승이 죽으면 사람 그림자도 얼씬 안 한다."던가. 여기에서의 **but**은 **only**의 의미이다.

Francis Bacon은 16세기 영국의 정치가이자 수필가이기도 했고, 철학 분야에서 경험학파 창시자.

Art is long, life is short.

예술은 길고, 인생은 짧다.

라틴어의 격언인, **Ars longa, vita brevis.**를 영어로 옮긴 것이다. 짧다고 해서 하루 아침에 지고 마는 꽃만이 아니다. 최근 평균 수명이 쥐꼬리만큼 늘었다고는 하나 인간의 삶이란 짧은 것이다. 그러나 그 짧은 일생 동안에 만들어낸 예술은 그것이 걸작이면 걸작일수록 길이길이 후세에까지 남는다. '고

명언

All, all are gone, the old familiar faces.

- C.Lamb

▶ 모두, 모두 갔다. 옛날의 정든 얼굴들.

Charles Lamb(1775~1834)은 영국의 문인(문인), 미쳐버린 누이 **Mary**를 간호하며 한평생을 독신으로 지냈다. 미치기 전의 누이 **Mary**와 힘을 모아 저술한 **Tales from Shakespeare**는 아는 사람은 알고 있는 주옥 같은 명작.

위의 본문은 그의 **The Old Familiar Faces**라는 시의 한 구절이다. 어릴 때의 소꿉친구, 학교 시절의 동창생, 사회에서의 술 친구, 부모, 아저씨, 아주머니 그리고 남몰래 사랑했던 첫사랑의 그녀···· 하나하나 이 세상을 떠난 사람들을 추억하는 외로움이 잘 나타나있다.

특히 과거의 추억을 이야기할 때 그의 문장은 눈물겨운 감상(感傷)을 짜릿하게 전해준다.

흐'는 비참한 일생을 옛날에 끝냈지만 그의 작품은 찬연히 빛나고 있다.

자의든 타의든 이 세상에 태어난 이상 무엇인가 흔적을 남기고 싶은 것은 인지상정이다. 꼭 예술품에 한정하지 않고서라도 크나큰 사업이나, **Empire State Building** 같은 건축물이라도 설계할 수 있다면 그 흔적은 길이 남는다. 그래서 갑자기 돈을 번 사람들은 즐겨 학원을 설립했었다. 자기의 이름이나 호를 곁들여서.

한편 일설에 의하면 이 격언은 의술의 성인(聖人)으로 일컬어지는 고대 그리스의 명의 히포크라테스(**Hippokrates**)가 남긴 말이라고도 한다. 그는 여기의 **art**를 '기술'의 의미로 썼던 것 같다. 즉 "의학의 기술은 배우는 데 오랜 시간을 요하는데 인생은 너무 짧다."는 탄식이라고 한다.

Time and tide wait for no man.

세월(과 바닷물)은 사람을 기다려 주지 않는다.

tide는 '주기적인 조수의 간만'을 뜻한다. 세월(**time**)을 강조하기 위해 **tide**를 배열한 것만은 아니고 고어로서 **tide**에는 '세월, 계절'의 뜻을 지니고 있었다. 독일어의 **zeit**라는 단어에는 **time**과 **tide**의 두 가지 뜻이 있다.

이 격언이 뜻하는 바는 '시간을 아껴라'는 것으로 일각을 소중히 여겨 정진해야만 대성할 수 있음을 깨우치고 있다.

▶ **Time is flying never to return**.

▶ 시간은 흐르고 다시 돌아오지 않는다.

이것은 로마의 옛 시인 베르질리우스(**Vergilius**)의 말이다.

한문으로는 '光陰如矢(광음여시)'라는 것이 있는데, 여기서 광음이란 빛과 어둠, 즉 낮과 밤이 화살과 같다는 뜻이다. 서양 사람들은 역시 현실적이어서 시간을 금전으로 환산해서, **Time is money**. 처럼 말한다.

그런가 하면 시간이 그렇게 사정없이 흘러가니만큼 아까운 세월을 허송하지 않겠다고 다음처럼 역설을 내놓는 사람도 있다.

▶ **Time goes by so swiftly. It is a tragedy if you cannot enjoy the present while it is happening.**

▶ 시간은 그렇게도 빨리 흘러가는 것이니 그것이 일어나고 있는 동안 즐길 수 없다는 것은 비극이다.

그러나 현실에 충실한 사람은 역시 행복하다.

▶ **If a person does his work well and extracts all he can from the present, he'll have a happy life as he's supposed to have.**

▶ 만약에 사람이 일을 잘하고, 현재로부터 가능한 모든 것을 끄집어낸다면, 그가 생각할 수 있는 행복된 삶을 누리게 될 것이다.

Alexander himself was once a crying babe.

알렉산더대왕이라 할지라도 한 때는 울고 보채는 아기였다.

Babe는 **baby**를 잘못 쓴 것이 아니다. '아기'를 우아스러운 호칭으로 **babe**라고도 한다. 용맹스러웠던 알렉산더 대왕도, 링컨 대통령도 아기일 때는 울고 보채였다고 생각하며 내 아기를 바라본다……. 그러나 아무래도 장군이나 대통령감은 아닐 것 같다. 그러나 환경과 훈육 여하에 따라서는 대통령이 되지 말라는 법도 없다.

▶ **"Were many great men born in this town?"**

▶ **"No, only babies were born here."**

▶ 이 마을에서 위대한 인물이 많이 태어났나요?
▶ 아뇨, 이곳에서는 아기들만이 태어났습니다.

태어난 것은 아기들 뿐이지 뱃속에서부터 위대한 사람이 되어 태어난 위인은 없을 것이다. 그래서,

▶ **Not every man is born with a silver spoon in his mouth.**

▶ 은수저를 입에 물고 태어난 사람은 없다.

라는 속담도 생겼다. 여기에 **silver spoon**(은수저)이란 '고귀한 태생'을 뜻한다.

A little learning is a dangerous thing.

얕은 학식은 위험한 것이다.

여기에 해당하는 우리의 속담도 다양하다. 우선 "선무당이 사람 잡는다."를 비롯해서, "반식자우환(半識者優患)이라.", 또는 "반 풍수(風水)가 집안 망친다." 등, 어설픈 지식이 얼마나 엉뚱한 결과를 초래하는가를 경고하고 있다.

원래 이 속담은 영국의 시인 알렉산더 포프(**Alexander Pope**)의 다음과 같은 말에 근원을 두고 있다.

명언

The most wasted of all days is that on which one has not laughed.

– N. Chamfort *Nicolas Chamfort(1741~1794)는 France의 문인.*

▶ 가장 무익한 날은 웃지 않는 날이다.

laugh는 소리내어 웃는 것. **smile**은 얼굴만으로 웃는 것. 인생이란 웃음이 필요하다. 웃음이 없는 가정은 초상집 같다. 학교도 직장도 마찬가지. 한편, **Laugh and grow fat**. (웃으면 살찐다.)라는 말도 있다. 웃지 않으면 살이 내린다. 거짓말 같으면 시험해 볼 지어다. 한 달간만 속을 썩히고 웃을 일이 없으면 누구나 살이 빠진다.

Fortune comes in by a merry gate. (행운은 즐거운 문으로 들어온다.)는 말도 있다. 이것은 한문의 소문만복래(笑門萬福來)와 꼭 닮은 말이다. 진리란 동서고금이 통하는 것.

▶ **A little learning is a dangerous thing.**
Drink deep, or taste not the Pierian spring.
The shallow draughts intoxicate the brain.

▶ 겉핥기의 학문은 위험하다. 깊이 마시지 않고는 피에리아의 시(詩)의 샘물은 맛볼 수 없는 것. 겉치레로 마셔서는 머리가 어지러울 뿐이다.
* **draught** 한 모금, 한입.
* **intoxicate** 취하게 하다.

Knowledge is power.

지식은 힘이다.

이 속담은 구약 성서의 잠언편에 있는,

▶ **A wise man is strong. Yea, a man of knowledge increase strength.**

▶ 현명한 자는 강하며, 지식이 있는 자는 그 힘이 증대한다.

라는 구절에서 인용된 것이다.

프란시스 베이컨(**Francis Bacon**)은 이렇게 말했다.

▶ **Knowledge and human power are synonymous.**

▶ 지식과 인력은 동의어이다.

한편 영국의 소설가 조지 오웰(**George Orwell**)의 미래공상소설 '1984년'에 등장하는 어느 전체주의 국가에서는

▶ **Ignorance is force.**

▶ 무지가 힘이다.

라는 표어를 붙이게 하고 있는데 흥미있는 대조라 하겠다.

여하간 "알아야 면장(面長)을 한다."고, 교육없이는 어느 소임을 맡겨도 감당할 수가 없는 법이다.

교육 각국의 속담

▶ First learn, then think independently. – *Israel*
우선 배우고 나서 자주적으로 생각하라.

▶ Learning is a bitter root, but it bears sweet fruit – *Bohemia*
배움은 쓰디쓴 뿌리를 지니나, 감미로운 열매를 맺는다.

▶ To learn the Way at daybreak and die at eve were enough. – *China*
아침에 길을 터득하면 저녁에 죽어도 한이 없다.

▶ By searching the old, learn the new. – *China*
옛 것을 찾고 새로운 것을 익혀라(溫故知新).

▶ Not until old age, but until death we learn. – *Russia*
늙을 때까지가 아니라, 죽을 때까지 배운다.

▶ By doing nothing we learn to do ill. – *Sweden*
할 일이 없으면 못된 짓을 배운다.

▶ Before the smith can make a screw he must learn to make a nail. – *India*
대장장이는 나사를 만들기 전에 못을 만드는 것을 배워야 한다.

▶ Only in water can you learn to swim – *Czechoslovakia*
물 속에서만 수영을 배울 수 있다.

▶ Everyone is weary. The poor in seeking, the rich in keeping, the good in learning. – *Israel*
모두가 피곤하다. 가난한 자는 찾기 위해서, 부유한 자는 지키기 위해서, 선량한 자는 배우기 위해서.

▶ Most things are easy to learn, but hard to master – *China*
만사는 배우기 쉬우나 숙달하기 어렵다.

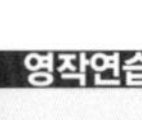

041 공부만 하고 놀지 않으면 아이는 바보가 된다.

042 팔방 미인이 정통한 일은 하나도 없다.

043 공부만 하고 놀지 않으면 아이는 바보가 된다.

044 다섯 살에 어른이 된 아이는 열다섯 살쯤 되면 바보가 된다.

045 일찍 여물면, 일찍 썩는다.

046 노름과 세계 정치에는 친구란 없다.

047 배움에 나이가 많다는 법은 없다.

048 거듭 연습함으로써 완전할 수 있다.

049 습관은 모든 일을 쉽게 해준다.

050 연습은 최상의 교사이다.

Key Word

041 work, a dull boy.
042 trades.
043 a dull boy.
044 man, fifteen.
045 ripe, rotten.
046 friends, politics.
047 never, learn.
048 practice, perfect.
049 custom, easy.
050 practice, teacher.

Answer

041 All work and no play makes Jack a dull boy.
042 Jack of all trades, and master of none.
043 All work and no play makes Jack a dull boy.
044 A man at five may be a fool at fifteen.
045 Early ripe, early rotten.
046 There are no friends at cards or world politics.
047 Never too old to learn.
048 Practice makes perfect.
049 Custom makes all things easy.
050 Practice is the best teacher.

051 예술은 길고, 인생은 짧다.

052 모두, 모두 갔다. 옛날의 정든 얼굴들.

053 세월은 사람을 기다려 주지 않는다.

054 시간은 흐르고 다시 돌아오지 않는다.

055 알렉산더대왕이라 할지라도 한 때는 울고 보채는 아기였다.

056 얕은 학식은 위험한 것이다.

057 이 마을에서 위대한 인물이 많이 태어났나요?

058 지식과 인력은 동의어이다.

059 무지가 힘이다.

060 물 속에서만 수영을 배울 수 있다.

Key Word

051 tlong, short.
052 gone, faces.
053 tide wait for no man.
054 never to return.
055 Alexander, babe.
056 a dangerous thing.
057 great, town.
058 knowledge, synony-mous.
059 ignorance .
060 learn to swim

Answer

051 Art is long, life is short.
052 All, all are gone, the old familiar faces.
053 Time and tide wait for no man.
054 Time is flying never to return.
055 Alexander himself was once a crying babe.
056 A little learning is a dangerous thing.
057 Were many great men born in the town?
058 Knowledge and human power are synonymous.
059 Ignorance is force.
060 Only in water can you learn to swim

04 지혜에 관한 속담

A bird in the hand is worth two in the bush.

손아귀 속의 새 한 마리는 덤불 속의 새 두 마리보다 낫다.

한 마리보다는 두 마리가 더 좋을 것 같지만 손에 쥔 한 마리 쪽이 더 확실하다. 덤불 속에 두 마리가 있든 열 마리가 있든 꼭 잡을 수 있다는 보장은 없다. 토끼 두 마리를 좇는 자는 한 마리도 얻지 못한다. 만사는 허욕이 금물이다. 우리 속담에는 "달아나는 노루 보고 얻은 토끼 놓친다."라는 말이 있다.

같은 의미의 말로,

▶ **A sparrow in the hand is better than a crane on the wing.**이라는 것도 있다.

▶ 손아귀 속의 참새 한 마리는 날고 있는 학보다 낫다.
* **on the wing** 비행중인.

위의 말들은 모두가 과도한 욕심을 부리다가 본전마저 잃기 쉽다는 경영학의 원리를 잘 가르치고 있다. **Miss Korea**가 아무리 예뻐도 내 아내와 바꿀 수 있겠는가 말이다.

내용은 같지만 다음과 같이 말하기도 한다.

▶ **One bird in the net is better than a hundred flying.**

▶ 그물 속의 새 한 마리는 하늘을 나는 백 마리보다 낫다.

그렇다고 새를 그물로 마구 잡았다가는 자연보호에 역행하는 일이다. 하여간 불확실한 꿈에 들뜨지 말고, 즉 덤불 속의 여러 마리의 새에 정신을 쏟지 말고, 수중에 있는 한 마리의 새, 즉 오늘이라는 날을 소중히 해야 할 것이다.

▶ The present is the only time of which you can be sure. For the past is half-forgotten, and the future is uncertain.

▶ 현재만이 확실을 기할 수 있는 유일한 시간이다. 과거는 태반이 잊혀지고, 미래는 불확실한 까닭에.

따라서 과거에 집착하지 말고, 미래에 너무 기대를 걸 일이 못 된다. 현재에 충실을 기하면 보람있는 미래는 누구에게나 보장된다.

▶ The best years of your life are always now – and will continue to be at whatever age you are.

▶ 당신의 인생 최고의 해는 언제나 현재이다. – 그리고 현재로 계속 이어나갈지어니, 당신의 나이가 얼마가 되든.

▶ To be able to appreciate the present fully is a very great gift.

▶ 현재를 충분히 음미할 수 있다는 것은 크나큰 재능이다.

Experience makes even fools wise.

경험에 의해서 어리석은 자도 현명해진다.

▶ Experience is a good teacher.

▶ 경험은 좋은 선생님이다.

라고도 한다. 불에 덴 아이는 불을 무서워하게 되는 것이다.

여러 일을 겪어 보고 실패도 해봐야 세상을 알게 되는 것이다. 아무리 교육이 없는 사람이라도 오랜 경험을 쌓아, 이마에 주름살이 깊게 패이는 나이가 되면 현명하게 집안을 다스려 간다.

경험이라는 것은 뜻밖에 잘 풀리는 것도 있겠지만, 대부분이 성공보다는 실패에서 얻어진다. 사뮤엘 스마일즈(Samuel Smiles)는 이렇게 말했다.

▶ We learn wisdom from failure much more than from success.

▶ 우리는 성공보다 실패로부터 더 많은 것을 배우게 마련이다.

B.프랭클린도 한마디 거들었다.

▶ Experience keeps a dear school, yet fools will learn in no other school.

▶ 경험은 값진 학교를 경영하나 어리석은 자는 그 이외의 학교에서는 배우지 못한다.

따라서 실패해 보지 않고는 여간해서 어리석음을 깨닫지 못하는 것이 인간의 상례이다. 비록 실패는 했더라도 그것을 체험이라는 교사로 거울 삼아 재출발할 수 있다면 우선 현명하다고 볼 수 있다. 그렇지 않고 같은 실패를 반복한다면 그야말로 어리석은 일이다.

미국의 정치가 바룩(**Baruck**)에게 어느 학생이 이렇게 질문했다.

▶ "How come you're so wise?"

▶ "I've got good judgment. Good judgment comes from experience. Well, that comes from poor judgment."

▶ 어떻게 해서 선생님은 그토록 현명해지실 수가 있었습니까?
▶ 나는 훌륭한 판단력을 지니고 있다네. 훌륭한 판단력은 경험에서 얻어지지. 그래 경험이란 빈약한 판단력에서 얻어지지.

명언

Man is the only animal that blushes Or needs to.

- **Mark Twain** *마크 트웨인(Mark Twain : 1835~1910)*

▶ 인류는 얼굴을 붉히는 - 또는 그럴 필요가 있는 유일한 동물이다.

미국의 대표적인 작가 마크 트웨인(**Mark Twain** : 1835~1910)의 신랄한 규정이다.

그 의미하는 바는 만물의 영장인 만큼 인간은 수치를 안다고 일단 인류를 추켜세웠다가, 이어지는 **Or**~의 구절에서 깎아내리고 있다. 즉, "얼굴을 붉힐 필요가 있다."는 것은 인간만이 다른 동물로서는 엄두도 못 내는 지능적이고 고차적인 나쁜 짓을 저지른다는 이야기가 된다.

A stitch in time saves nine.

때맞은 한 바늘은 아홉 바늘을 절약한다.

stitch는 '바느질'을 뜻한다. 단추가 떨어질 것 같으면 즉시 단단히 꿰매두면 될 것을 미루어 두었다가 단추가 떨어져 없어진 다음에야 짝도 안 맞는 헌 단추를 찾아 단 경험은 누구에게나 있는 일이다.

만사는 시기가 중요, 충치가 생겼으면 곧 XX치과로, 걸렸다고 생각되면 감기약 △△을! TV의 선전에도 나온다.

명언

Man is no more than a reed, the weakest in nature, But he is a thinking reed.

- B.Pascal

▶ 인간은 자연에서 가장 약한 갈대에 불과하다. 그러나 생각하는 갈대이다.

누구나 한번쯤은 들어본 **Pascal**의 유명한 말.

바람에도 흔들리는 갈대, 세상에 이렇게도 허약한 것이 있을까! 인간의 무력함은, 깊이 생각하면 갈대보다 나을 것도 없다로 끝난다면 이 말의 값어치는 별 것이 아니다. 요는 그 다음에 오는 한 마디, 생각하는 갈대라는 데 있다. 인간은 무엇을 생각하는 사색의 능력이 있는 것이다. 그 약한 육체 속에, 한 바가지도 안 되는 뇌 속에 전체 우주까지도 상상하는 위대한 힘이 있다.

수없는 발명과 문화, 바야흐로 시간과 공간을 정복하고 우주까지도 여행하게 된 생각하는 갈대, 인간은 가공할 정도로 위대한 갈대이다.

우리의 조상은 "호미로 막을 일을 가래로 막는다."라고 했고, **To choose time is to save time**. (시기를 잘 선택하는 것은 시간을 절약하는 일이다.)은 프란시스 베이컨(**Francis Bacon**)의 말이다.

A lie in time saves nine. (급한 김의 거짓말 하나가 아홉을 절약한다.)…… 이건 어느 짓궂은 친구의 응용.

명언

People ask you for criticism, but they only want praise.

- W.S. Maugham

▶ 사람들은 비평을 요청하지만 실은 칭찬만 탐낼 뿐이다.

* criticism [krítəsìzm] 비평, 비판

20세기의 유명한 작가 섬머셋 모옴은 인간사에 흥미를 갖는 작가인데 가끔 인간성에 관해서 이처럼 신랄한 독설을 퍼붓기도 한다. 위의 말은 그의 걸작. **Of Human Bondage**(인간의 굴레)에 나오는 한 구절이다.

사실 어쭙잖은 작품을 들고와서 비평해 달라고 함은 내심 칭찬을 바라는 것이 사실이다. 그래서 노련한 비평가는 애매한 말로 칭찬하는 듯하다가 '그러나'라고 전제한 다음 최후의 순간에 깎아내린다. 그리고 '그러나' 이후만이 진짜 알맹이인 것이다.

하여간 무작정 칭찬만을 바라는 것은 인간의 약점이다. "아가씨 정말 미인이십니다."라는 말에 화를 내는 분이 있다면 뵙고 싶다.

Seeing is believing.

보는 것이 믿는 것이다.

한문으로는 '百聞不如一見(백문불여일견)'이라고 한다. 우리 속담에는 "귀 장사하지 말고 눈 장사하라."라는 말이 있다. 그리고 영어로도, **To see is to believe**.라는 형태로 말하기도 한다.

단지 귀로 듣거나, 책에서 읽은 지식만 갖고는 확연치가 못하다. 실제로 자가 눈으로 확인하거나 체험해 봄으로써 단숨에 익힐 수 있다. 이러한 필요성에서 시청각교육이라는 것이 중요성을 띄게 되었다. 특히 화학에서는 아무리 분자식을 외워본들 실제로 실험을 해 보는 것에 비하면 헛수고에 가까울 정도이다.

그러나 요즘은 사정이 좀 달라진 것 같다. TV라는 것이 판을 치게 되자 보는 것에만 치중하기 시작해서 읽고 듣는 것에 해당하는 독서나 강연은 너무 등한시하는 것 같다.

이 격언은 아직 교통수단이라는 과학이 발달되지 않아 실제로 견학하거나 접해볼 수 없었던 시대의 유물이 될 것 같다.

A straw shows which way the wind blows.

지푸라기 하나로 바람부는 방향을 안다.

서양 사람들도 여간이 아니다. 동양의 "오동나무잎 하나가 떨어지는 것으로 천하의 가을을 안다."는 이치를 **a straw**로 대신하고 있다.

그런데 여기에서의 '바람의 방향'이란 '세상의 돌아감, 정세' 등의 의미로 비유한 것이다.

He knows how [which way] the wind blows.

라고 하면 해방 전에는 친일파로 날뛰다가, 해방이 되니 민족주의자로 행세하던 자, 어제는 교장파더니 오늘은 교감파가 된 선생님 등 기회주의적인 사람을 뜻한다.

그런가 하면 영국 수상 Chamberlain은

▶ **Don't miss the bus.**

▶ 버스를 놓치지 마라.

라는 말을 했다. 기회만 있으면 잡으라는 뜻.

약삭빠른 일본 상인들은 우리나라가 6.25 이후 경제 부흥에 착수하자 서둘러 국교를 정상화하고, "韓國行のベスに乘りおくれゐな!"

명언

I am not an Athenian or a Greek, but a citizen of the world.

\- Sokrates

▶ 나는 아테네인도 아니고, 그리스인도 아닌 세계 시민이다.

고대 그리스의 철학자 소크라테스(기원전 469?~399)의 말이다. 자기가 우선 아테네의 시민이며, 그리스인임과 동시에 세계의 시민이기도 하다는 부드러운 논법을 쓰지 않은 것은 결단력이 필요한 발언이다.

학설의 취소를 강요받고도 굴하지 않았으며, 도망하기를 권한 벗들의 의견을 물리치고, 내민 독배(毒杯)를 들이마셔 유유히 죽어간 그의 도량이 엿보인다.

UN이 설립되고, 세계가 자꾸 좁아지는 현대에 와서는 더욱 절실한 명언이다. 디오게네스도 어디 출신이냐는 질문에, "I am a citizen of the world."라고 답했다고 전한다.

라는 구호를 앞세워 몰려들었다. 영어로 옮기면, **"Don't miss the bus to Korea!"**이다. 그후 중국과도 관계 정상화를 이룩하게 되자 그들의 구호는 **"Don't miss the bus to China!"**로 바뀌었다. 경제동물(**economical animal**)의 면목이 생생하게 떠오른다.

Two heads are better than one.

두 사람의 머리가 한 사람의 머리보다 낫다.

여기에서의 **head**는 '사람의 머리'는 물론 '인원 수'와 여러 인원 수에서 우러나오는 '생각, 지혜'까지 암시한다. 우리 속담에는 "백지장도 맞들면 낫다." 라는 것이 있으나 두뇌적인 협력보다는 물리적인 협력에 치중한 속담이다.

똑같은 내용을 영어에서도 달리 말하기도 한다.

▶ **Two heads are better than one, even if the one is a sheep's.**

▶ 두 사람의 머리는 한 사람의 생각보다 낫다. 비록 그 한 사람이 양의 머리처럼 빈약한 것이더라도.

여기에서 **sheep's**는 **sheep's head**에서 **head**가 생략된 형태이다. 그런가 하면 '두 사람'을 **four eyes**(4개의 눈)로 대치해서,

▶ **Four eyes see more than two.** 라고도 한다.

▶ 네 개의 눈은 두 개의 눈보다 낫다.

그러나 "상좌승이 많으면 가마솥을 깨뜨리고", "사공이 많으면 배가 산으로 올라간다"던가……. 너무 의견이 구구해도 큰일을 성사시키기가 어렵다. 특히 여성의 경우에는 세 사람도 많은 것 같다.

▶ **When two women suddenly become friendly, it's a sign that some third woman has lost two friends.**

▶ 두 여인이 갑자기 가까워진다는 것은 제3의 여인이 두 친구를 잃는다는 징조이다.
＊ **sign** 징조.

A wise man does not trust all his eggs to one basket.

현명한 사람은 달걀을 한 광주리에 담지 않는다.

일단 유사시에는 달걀이 모두 깨어질 우려가 있다. 신중을 기해야 한다는 뜻. **trust**는 '믿다 → 믿고 맡기다 → 위탁(신탁)하다'의 뜻으로 바구니 속에 '위탁(담다)하다'의 의미.

명언

Adam did not want the apple for the apple's sake, he wanted it only because it was forbidden.

– Mark Twain

▶ '아담'은 사과 그 자체가 먹고 싶어 욕심낸 것이 아니라, 금지되었기에 욕심낸 것이다.

* sake [seik] 목적, 이유.
* for …'s sake …을 위해.

For the apple's sake는 '사과 그 자체 때문에'의 뜻이다. **Adam**은 물론 남성 **No.1**이 되시는 분이다. 신(神)이 **forbidden fruit** '금단의 열매'(사과)를 먹어서는 안 된다. 먹으면 죽는다고 위협했지만 여성 **No.1**인 **Eve** 할머니께서 용감하게 따 드셨고 죽기는커녕 지혜가 생겼다. 그러나 여성만큼 용기가 없었던지 겁에 질린 나머지 **Adam**이 먹은 사과 한 조각은 목에 걸려 여성에게는 없는 목젖이 생겼다. 목젖을 **Adam's apple**이라고 하는 것은 여기에 기인한다.

안 된다고 하면 더더욱 하고 싶어지는 것, 금지는 일종의 장려이다. 더구나 요즈음 청소년들에게는.

이 속담에 충실한 사람은 재산을 예금과 주식 및 토지에 대한 투자로 세분하기도 하고, 졸업 전에 여러 회사에 이름을 걸어놓는 대학생이 있는가 하면, 여러 신랑감을 고르다가 '노처녀'가 되는 아가씨도 있다.

또 하나 **discretion**(신중)에 관한 명언에 다음과 같은 것도 있다.

▶ **Discretion is the better part of valour.**

▶ 용기에 앞서 신중을 기하지 못하면 만용.
* **valor, valour** 용기.

Seize the fortune by the forelock.

행운이 오면 앞머리를 잡아라.

행운이 깃들었을 적에는 붙잡고 늘어지라는 내용이다. 사람이 한평생 살아가자면 행운이 세 번 찾아온다고 한다. 모처럼 찾아온 행운을 일실해서는 언제 또 기회가 올지 모른다.

여기에서 **forelock**은 '앞머리'의 뜻, 즉 **fore**는 **before** 등의 **fore**로서 '앞'의 뜻이고, **lock**은 '머리채'의 뜻이다.

서양의 신화에 의하면 행운의 여신은 앞머리뿐이고 뒤통수는 대머리라고 한다. 따라서 일단 행운의 여신과 마주치면 앞머리를 단단히 잡고 늘어져야지, 때늦게 뒤쪽을 잡으려 했다가는 미끄러운 대머리라 놓치고 만다.

▶ **Take time(or opportunity) by the forelock.**

▶ 기회를 놓치지 마라.

이라는 변형도 있다. 이것을 **Don't miss the chance.** 식으로 속담화했다가는 맛이 없고 무미건조하다.

속담이란 격언과는 달리 교묘한 비유와 운(韻)의 배열이 생명이다.

The wise has long ears and a short tongue.

현자(賢者)는 긴 귀와 짧은 혀를 갖고 있다.

long ears(긴 귀)는 '남의 말을 귀담아 듣는 것'을 상징하고, **short tongue**(짧은 혀)은 과묵한 것을 의미한다. 즉 타인의 말하는 바를 귀담아 들어 자기의 식견을 넓히되, 말이 적어 실수가 없는 어진 자의 성격을 잘 묘사한 속담이다.

이와는 반대로 **short ears**에 **long tongue**을 가진 사람 셋만 모이면 분위기는 떠들썩해진다. 남의 말을 들으려 하지 않고 제각기 자기 혀만 놀리니 시끄럽지 않을 수가 없다.

한편 **have an evil tongue**이라고 하면 이디엄으로 "남의 험담을 잘한다."는 뜻이 된다. 직역하면 "사악한 혀를 갖다." 그리고 **mother tongue**은 '어머니의 혀'가 아니고 '모국어'의 뜻이니 잘못 혀를 놀려서는 면접시험장이 웃음바다가 된다.

Let sleeping dogs lie.

자고 있는 개는 내버려두어라.

* **lie** [laɪ] 눕다, 거짓말 하다, 거짓말.

쓸데없는 짓을 해서 소란을 일으키지 말라는 경구이다. '긁어 부스럼'이라고 해서 우리는 가외의 일을 저질러서 재앙을 자초하는 경우가 있다. 이 속담은 개 대신 사자를 등장시켜,

▶ **Don't wake a sleeping lion.**

이라고 한다.

▶ 잠자고 있는 사자를 깨우지 말라.

한편 개가 등장하는 속담에는,

▶ **You can't teach (or It's hard to teach) an old dog new tricks.**

▶ 늙은 개에게 새 재주를 가르치기 어렵다.

또는,

▶ **An old dog will not learn new tricks.**

▶ 늙은 개는 재주를 익히려 하지 않는다.

라는 것이 있다. 즉 배움이란 때가 있는 것이어서 젊었을 때 밤새워 공부해야지, 나이가 들어 생활에 쫓기고, 머리가 굳어지면 학문과는 멀어진다는 내용이다. 그러기에 공부는 학생시대가 최적기이다.

명언

Genius is one percent inspiration and ninety-nine percent perspiration .

- Thomas Edison

▶ 천재는 1퍼센트가 '영감'이고 99퍼센트가 '땀'이다.

* **perspiration** [pə̀ːrspəréiʃən] 땀, 노력.

대 발명왕 **Edison**의 말이니 귀지를 파내고 잘 들어두어야 하겠다. 천재란 인스피레이션이 99%이고 노력은 1%인 줄 알았더니 놀랍게도 그 반대이다. 더구나 천재일 리가 없는 우리로서는 땀을 흘리고 또 흘려도 한이 없겠다.

위의 말은 **Edison**이 만년에 기자회견 석상에서 술회한 명언으로서 누구나 마음에 새겨둘 일이다.

inspiration은 '영감(靈感)'의 뜻인데 '땀'의 뜻인 **perspiration**과 발음상 조화를 이루어 아주 인상적이다.

Thomas Alva Edison(1847~1931)은 전신기, 전등, 전화, 축음기, 영화, '알카리' 축전기 등 1300여 종의 특허를 얻었다. 우리가 지금 누리고 있는 문명의 이기, 특히 전기 계통은 그의 발명 덕택이다.

Appearances are deceitful.

외관은 사람으로 하여금 착각하기 쉽게 한다.

* **deceitful** [disíːtfəl] 사람을 속이는.

외관은 믿을 수 없는 것, 그러나 옷이 날개라고 사람은 양복점에서 만들어진다(**The tailor makes the man.**)는 역설적인 속담도 있다. 그런가 하면 훌륭한 깃털을 지녀야 값진 새로 인정받기도 한다. (**Fine feathers make fine birds.**) 그러나 공작새처럼 그 울음소리는 형편이 없다.

양주 코너에 앉아 위스키 한 잔을 주문했다고 치자. 내 놓은 술이 하급품의 것이라면 당신의 양복을 새로 맞추어 입을 때가 다 된 것으로 생각해도 무방하다. 더러는 얼굴이 다 된 궁상으로 변모해 있을 수도 있다. 얼굴 역시 외관에 속하는 것임을 부언해 둔다.

A white wall is a fool's paper.

흰 벽면은 바보의 낙서장이다.

무슨 소리인가 하면 바보란 흰 벽만 보면 낙서의 충동을 느끼게 된다는 말이다. 특히 화장실의 흰 벽은 견딜 수 없는 유혹의 잡기장이다.

다음은 눈이 파란 저쪽 사람들의 점잖지 못한(?) 낙서의 실례를 추려 본 것이다. 우리 나라의 바보들과 별로 다를 바가 없는 것 같다.

▶ **Anybody who writes on walls is nuts.** ▶ 벽에 낙서하는 자는 멍청이다.

자기 스스로 낙서를 하지 말라는 낙서를 하면서 다른 동료(?)들을 바보 취급하고 있다. **nut**는 '호두'와 같은 딱딱한 열매에서 '돌대가리'로 인용되었다.

▶ **John was here.**

▶ 존께서 이곳을 다녀가셨다.

명승고적이나 경치 좋은 바위에 자기 이름을 새기고 가는 얼간이와 유(類)를 같이 한다. 그 밑에 다음과 같은 비꼬는 글을 쓴 얼간이도 있다.

▶ **Fool's names are like their faces, always seen in a public places.**

▶ 바보들의 이름은 그들의 얼굴과 같아서 언제나 공공(公共)의 장소에서 볼 수 있다.

어느 원기왕성(?)한 친구는 이런 명언을 화장실 벽에 남기기도 한다.

▶ **The penis mightier than the sword.**

▶ 페니스는 검보다도 강하다.

물론 유명한 격언인,

▶ **The pen is mightier than the sword.**

▶ 문(文)은 무(武)보다 강하다.

에서 **pen is**를 한데 뭉쳐 남성의 성기인 **penis**로 비약시킨 천재적(?)인 문장력을 엿볼 수 있다.

이야기가 자꾸 지저분해지지만 낙서라는 것이 원래 향기로운 것은 못되기에 마지막으로 걸작 한 쌍을 인용함으로써 다음 페이지로 넘어가겠다.

▶ **I've got what every woman wants.**

▶ 나는 모든 여성이 탐내는 물건을 지니고 있다.

그 밑에는 이런 반박문이 씌어 있었다.

▶ **Then you must be in the fur business.**

▶ 그렇다면 너는 모피장수겠구나.

밍크 모피 같은 것은 여성이라면 누구나 탐내는 것이기에 먼저 놈이 자랑한 큰 물건(?)을 일부러 묵살하고 비꼰 말이다. 어느 의미에서 낙서란 비뚤어진 지혜(?)의 산물이다.

Big fleas have little fleas.

큰 벼룩에는 작은 벼룩이 기생한다.

그 내용이 재미있는 속담이다. 벼룩은 다른 동물에 기생해서 두통거리가 될 뿐. 스스로는 태평할 것 같지만 자기보다 더 작은 벼룩이 (기생충이나 세균이라고 생각해도 좋다.) 기생한다는 내용이다. 즉 누구에게나 자기 나름대로의 걱정거리는 지니고 살게 마련이라는 내용이다.

이 속담은 영국의 작가 조나단 스위프트(**Jonathan Swift**)의 다음과 같은 시에서 유래한 것이다.

▶ **Great fleas have little fleas upon their back to bite'em. And little fleas have lesser fleas, and so ad infinitum.**

단, 속담 특유의 간결성을 지니게 하기 위해서 **upon their back to bite'em(them)**의 구절을 생략하고, **have** 속에 그 모든 내용을 집약시킨 행태를 취하고 있음에 유의하기 바란다.

▶ 큰 벼룩 등 위에 작은 벼룩이 올라타서 문다. 그리고 작은 놈은 보다 작은 놈이 문다. 그리고 작은 놈은 보다 작은 놈이 문다. 그리하여 무한이 뒤를 잇는다.

＊ **ad infinitum** 끝도 없이, 무한정.

명언

Once made equal to man, woman becomes his superior.

\- Socrates

▶ 일단 남성과 평등이 되면 여성은 남성보다 우위에 선다.

2000여 년 전에 **Greece**의 철학자 **Socrates**가 이런 말을 예언했다니 실로 놀라운 일이다. 그러나 그의 처 **Xantippe**가 세계사상 악명을 날린, 말할 수 없는 악처였다는 점을 감안하면 수긍이 간다.

아니, 그 자신이 이렇게 말한 바 있다. **By all means marry. If you get a good wife, you'll become happy. If you get a bad one, you'll become a philosopher.** (어쨌든 결혼하라구요. 만약 착한 아내를 얻게 된다면 당신은 행복해질 것이고, 악한 아내를 얻게 된다면 철학자가 될 것이외다.)

불행하게도 **Socrates**는 후자에 속했으며 그의 처가 호랑이어서, 정비례하여 위대한 철학자가 되었다.

By other's faults wise men correct their own.

현인은 남의 허물을 보고 스스로의 허물을 시정한다.

보통사람은,

▶ **A burnt child dreads the fire.**

고, 스스로 빼저리게 경험해 봐야 허물을 시정하나, 현명한 사람은 남의 허물만 보고도 스스로의 결점을 시정할 수가 있다는 내용이다.

▶ 불에 덴 아이가 불을 두려워한다.

Do not swap horses when crossing a stream.

강을 건널 때 말을 바꿔 타지 마라.

옛날에는 여행에 말을 타고 다녔다. 특히 말 두 필을 준비해서 빈 말을 교대로 타서 말의 피로를 덜어주었다. 그러나 강을 건널 때 말을 바꿔 탄다는 것은 물에 떨어질 위험이 크다.

이러한 사실에서 이 속담은 난국을 뚫고 나가는 도중에 지도자를 바꾼다거나, 일의 중대한 고비에서 계획을 변경하는 것이 현명하지 못함을 경계하고 있다.

1864년, 링컨의 연설에서,

▶ **An old Dutch farmer remarked to a companion once that it was not best to swap horses when crossing a stream.**

이라고 인용한 바 있다.

▶ 어느 늙은 네덜란드의 농부가 그의 일행에게 강을 건너는 도중에 말을 바꾸어 타는 것은 상책이 아니라고 주의한 바 있습니다.

He who fights and runs away may live to fight another day.

싸움이 이롭지 못하여 도주한 자에게는 살아서 다시 싸울 날 있으리라.

케로니아의 싸움(338 B.C.)에 패하여 작전상 후퇴(?)한 아테네군의 장수 데모스테네스의 변이라고 한다.

이러한 전술은 동양에서도 통했다. 즉, "삼십육계에 줄행랑이 으뜸(三十六計 走爲上計)"이라고 해서 대세가 기울었음을 알았다면 무모한 항쟁을 피하고 일단 도망가는 것이 병법상 상책이라는 내용이다. 2차 세계대전 당시 당게르크에서 후퇴한 연합군은 노르망디에 다시 상륙함으로써 히틀러의 목을 조를 수 있었다.

이 속담이 암시하는 바는 병법 그 자체보다도 사람이 감당하기 어려운 일에 처했을 때는 무모하게 버티려 하지 말고, 일단 수습을 잘 한 연후에 후일에 기약하는 것이 현명하다는 지혜를 말하고 있다.

Hope springs eternal.

희망은 영원히 샘솟는다.

1700년대의 영국의 대시인 알렉산더 포프(Alexander Pope)는 "An Essay on Man"이라는 시의 제1행에 이 말을 썼다.

즉, 인간이 살아가는 데는 절망에 처할 때도 있는 법이나 희망을 버리지 말아야 한다. 우리의 조상들은, "죽을 수가 닥치면 살 수가 생긴다."라고 했고, "하늘이 무너져도 솟아날 구멍이 있다." 라고 했다. 재난에 처해도 냉정을 기해 그것을 이겨낼 지혜가 필요하다.

If the mountain will not come to Mahomet, Mahomet must go to the mountain.

산이 마호메트 쪽으로 오지 않겠다면, 마호메트가 산으로 가야지.

소망하는 대로 성사하지 못할 일이라면 공연한 위신이나 고집을 버리고 스스로 허리를 굽혀 일의 성사를 꾀해야 한다는 처세의 지혜를 깨우치고 있다.

한편, 이 속담은 마호메트가 산을 가까이 불러서 그 정상에서 기도를 드리고자 몇 번이고 산을 불렀으나 산이 끄떡도 하지 않자 태연히 이렇게 말했다는 고사에서 유래한다.

▶ **"If the hill will not come to Mahomet, Mahomet will go to the hill."**

▶ 산이 나에게로 올 의향이 없다면, 내가 산으로 가면 되지 않겠느냐.

마호메트교의 시조다운 유아독존격인 에피소드라 하겠다.

Never spoil a ship for a hap'orth of tar.

서푼어치의 타르를 아껴서 배를 못쓰게 하지 마라.

* **hap'orth** [héipərθ] halfpennyworth의 줄임형, 반 페니 어치의 물건.

우리 속담에도 "기와 한 장 아끼다가 대들보 썩인다."는 것이 있다. 즉, 방부제인 타르(**tar**)를 아끼느라고 배 밑이 썩는 것을 방치했다가는 값진 배 전체를 못 쓰게 만든다. 그 결과 "호미로 막을 것을 가래로 막는" 수고를 해야 한다.

일설에 의하면 이 속담의 **ship**은 양의 뜻인 **sheep**이라고도 한다. 즉 양의 털을 깎을 때 나는 상처에는 타르를 바르는데 이 타르를 아끼다가는 양을 죽게 한다. 그리고 **hap'orth**는 ▶ **half-penny-worth**의 줄임말로 극히 얼마 안 되는 금액을 의미한다.

▶ 반 페니 값

It is too late to shut the stable door when the horse is stolen.

말을 도둑맞고 나서 마구간 문을 닫는 것은 너무 늦다.

만사는 사전 대비가 중요함을 깨우치고 있다. 같은 내용을 담은 것에,

▶ **The error of one moment becomes the sorrow of whole lifetime.**

▶ 한 순간의 실수가 일생의 슬픔이 된다.

라는 중국 속담도 있다. 우리 속담에는 말 대신 소가 등장해서, "소 잃고 외양간 고친다."라고 했다.

명언

A nightingale dies for shame if another bird sings better

- Burton

▶ 꾀꼬리는 만약 다른 새가 더 노래를 잘 부르면 부끄러워 죽는다.

"엄청 자존심이 강한 새군!" "그렇게도 지기 싫어할까?" "뭐, 죽기까지 할 게 뭐람!"등 여러 가지 의견이 나올 법한 말이다. 그러나 그 기개가 얼마나 도도한가! 사람도 그만한 긍지를 가져볼 일이다.

저 간호사의 원조(元祖)인 나이팅게일 여사도 이 새의 철자와 같은 **Nightingale**이다. 그녀도 긍지가 있는 여성이었으리라.

그런가 하면 **Pope**같은 사람은, **Pride is the never falling vice of fools.** (자만심이란 어리석은 자에게 빼놓을 수 없는 악덕이다.)라고 비웃고 있다.

지혜 각국의 속담

▶ **Wisdom without use is fire without warmth.** – *Sweden*

쓰이지 않는 지혜는 따뜻하지 않은 불과 같은 것이다.

▶ **It takes great wisdom to laugh at one's own misfortunes.** – *India*

스스로의 불행을 일소에 붙이는 데는 크나큰 지혜가 필요하다.

▶ **Wisdom is made up of ten parts, nine of which are silence, and the tenth is brevity of language.** – *Arabia*

지혜는 열 개의 부분으로 이루어지는데, 그 아홉은 침묵이고, 나머지 열번째가 말의 간결성이다.

▶ **Who cheats me once is a rascal. Who cheats me twice is a deserving man.** – *Yugoslavia*

나를 한 번 기만하는 자는 악당이나, 두 번 기만하는 자는 대단한 인물이다.

▶ **When dust accumulates it will make a mountain.** – *China*

먼지도 쌓이고 쌓이면 산더미를 이룬다.

▶ **A wife, a razor and a horse are things not to be lent.** – *Poland*

아내와 면도칼과 말은 남에게 빌려 줄 것이 아니다.

▶ **The poor eat little, but are at ease.** – *Japan*

가난한 자는 적게 먹되 마음 편하게 먹는다.

▶ **You never see an empty bag stand up.** – *Jamaica*

빈 자루가 똑바로 서지는 못한다.

▶ **To marry once is a duty, twice is folly, and the third time is madness.** – *Denmark*

한 번 결혼하는 것은 의무이고, 두 번은 바보짓, 세 번은 미친 짓이다.

Check Up 영작연습

061 손아귀 속의 새 한 마리는 덤불 속의 새 두 마리보다 낫다.

062 그물 속의 새 한 마리는 하늘을 나는 백 마리보다 낫다.

063 경험에 의해서 어리석은 자도 현명해진다.

064 외관은 사람으로 하여금 착각하기 쉽게 한다.

065 어떻게 해서 선생님은 그토록 현명해지실 수가 있었습니까?

066 큰 벼룩에는 작은 벼룩이 기생한다.

067 때맞은 한 바늘은 아홉 바늘을 절약한다.

068 흰 벽면은 바보의 잡기장이다.

069 보는 것이 믿는 것이다.

070 지푸라기 하나로 바람부는 방향을 안다.

Key Word

061 bird, bush.
062 one bird, flying.
063 experience, wise.
064 appearances.
065 wise.
066 big fleas, little fleas.
067 stitch, nine.
068 white, paper.
069 believing.
070 shows, blows.

Answer

061 A bird in the hand is worth two in the bush.
062 One bird in the net is better than a hundred flying.
063 Experience makes even fools wise.
064 Appearances are deceitful.
065 How come you're so wise?
066 Big fleas have little fleas.
067 A stitch in time saves nine.
068 A white wall is a fool's paper.
069 Seeing is believing.
070 A straw shows which way the wind blows.

071 버스를 놓치지 마라.

072 나는 아테네인도 아니고, 그리스인도 아닌 세계 시민이다.

073 두 사람의 머리가 한 사람의 머리보다 낫다.

074 네 개의 눈은 두 개의 눈보다 낫다.

075 현명한 사람은 달걀을 한 광주리에 담지 않는다.

076 행운은 앞머리를 잡아라.

077 용기에 앞서 신중을 기하지 못하면 만용.

078 기회를 놓치지 마라.

079 현자(賢者)는 긴 귀와 짧은 혀를 갖고 있다.

080 자고 있는 개는 내버려두어라.

Key Word

071 miss the bus.
072 Athenian, Greek.
073 better than one.
074 eyes.
075 wise, basket.
076 fortune, forelock.
077 discretion, valour.
078 take, forelock.
079 a shot tongue.
080 sleeping dogs.

Answer

071 Don't miss the bus.
072 I am not an Athenian or a Greek, but a citizen of the world.
073 Two heads are better than one.
074 Four eyes see more than two.
075 A wise man does not trust all his eggs to one basket.
076 Seize the fortune by the forelock.
077 Discretion is the better part of valour.
078 Take time by the forelock.
079 The wise has long ears and a shot tongue.
080 Only in water can Let sleeping dogs lie.

Proverbs & Wise Sayings

05 충고에 관한 속담

Good medicine tastes bitter.

좋은 약(良藥)은 입에 쓰다.

Taste는 '맛이 나다'.

▶ **Good medicine is bitter in the mouth.** ▶ 양약은 입 속에서 쓰다.

라고도 말한다. 이 속담에 담긴 진의는,

명언

You, too, Brutus!

– Shakespeare : Julius Caesar

▶ 부루터스, 너도냐!

고대 **Rome**의 강자이며 영웅인 **Caesar**도 많은 암살자의 기습을 받고 대리석 계단 위에 쓰러졌지만 자기를 찌르는 무리 중에 아들처럼 총애했던 **Brutus**의 모습을 보았을 적에 그 놀라움과 낙담이 얼마나 컸겠는가! 이 짧은 말 한마디에는 그런 심정이 내포되어 있다.

철석처럼 믿었던 사람이 배반했을 때, 이 학생은 틀림없이 잘 하리라고 믿었는데 기대가 허물어졌을 때, **You, too, Brutus!** 라고 한탄을 한다. 라틴어로는 **Et, tu, Brute!**라고 말한다.

▶ **Good advice is harsh to the ear.**

▶ 좋은 충고는 귀는 거슬린다.

에 해당한다. 한문으로는 '忠言逆耳(충언역이)'라고 한다.

요즘 파는 약은 쓰기는커녕 자꾸 달콤한 설탕물을 많이 섞는 경향이지만, 올바른 충고에 눈살을 찌푸리는 것은 예나 지금이나 같은 것 같다.

옛날에는 폭군이나 바보스러운 임금에게 충직한 신하가 간언(諫言)을 드릴 때에는 하옥되거나 귀양살이를 각오하지 않고는 엄두도 낼 수 없었다.

현대에서도 큰 회사의 사장직에 앉게 되면 회사의 실태를 모르게 된다고 한다. 누구나 언짢은 분야에 관해서는 함구하기 때문이다.

즉, 바보 임금도 바보 사장도 주위 사람들이 그렇게 만드는 것이다. 4.19 전 이승만 대통령은 인의 장막 속에서 세상 물정을 모르고 살았다고 한다.

▶ **Truth begets hatred.**

▶ 진실은 미움을 낳게 한다.
* **beget** 낳다. 일으키다.

그러니 여간한 용기 없이는 진실을 밝혀 말하기가 어려운 것이다.

▶ **Truth is told by babies and fools.**

▶ 진실은 어린아이나 바보가 말할 수가 있다.

▶ **Fools and madmen speak the truth.**

▶ 바보와 미치광이만이 진실을 말한다.

정신이 제대로 박힌 사람이라면 몸을 사려 여간해서 진실을 말하려 하지 않는다는 이야기이다. 셰익스피어도 "리어왕"(**King Lear**)에서 진심을 말한 막내딸 고딜리아를 추방시키고 있다. 더구나 충고(**advice**)는,

▶ **The better it is, the harder it is to take.**

▶ 좋은 충고일수록 받아들이기가 어렵다.

그런가 하면 자기의 처신은 모순투성이면서 남에게는 이래라, 저래서는 못쓴다고 성화를 부리는 사람도 있다.

▶ **We just hate to have some people give us their advice, when we know how badly they need it themselves.**

▶ 그 당사자들이 극히 충고를 받아야 마땅하다고 생각되는데도, 그 사람들로부터 충고를 받는다는 것은 가증스러운 일이다.

Don’t count your chickens before they are hatched.

부화하기 전에는 병아리 수를 셈하지 마라.

* chicken은 약병아리. hatch는 '부화하다'의 뜻.

이번에 알 열 개를 부화하면 병아리가 열 마리가 될 게고, 부지런히 길러서 열 마리가 깐 알을 다시 부화하면 백 마리라…… 다시 부화하면 만 마리…… 큰 양계장을 만들고 계란을 수출도 한다. 꿈의 세계에서 깨보니 부화한 병아리를 고양이가 쓸어가거나, 모두 수놈이라 쓸모가 없어지는 일도 있다.

laughter(우스갯소리)가 아니다. 인간은 누구나 이런 면을 지니고 있는 것이다. 이와 맥을 같이하는 우리 속담으로 "너구리 굴 보고 피물(皮物) 돈 내어 쓴다."가 있다.

▶ Catch the bear before you sell his skin.

한편 chicken-hearted라고 하면 '겁많은'의 뜻이 되니 이 기회에 암기를. 반대로 lion-hearted라고 하면 '용맹스러운'의 뜻이 된다. 자나 깨나 영어!

▶ 곰 가죽을 팔기 전에 곰을 잡아라.

No advice to father’s.

아버지의 충고에 필적할 충고는 없다.

to는 비교를 뜻하는 용법이고, father's는 father's advice.

우리말 속담에도, "자식을 보기에 아비 만한 눈이 없고, 제자를 보기에 스승 만한 눈이 없다."라는 것이 있다. 세상이 어떻게 변하든 자식에게 그릇된 충고를 할 아버지가 있겠는가. 더구나 아버지는 그 연령으로 해서 경험과 지혜를 지니고 있다.

그러나 아이들은 아버지를 멀리하기 쉽다. 그러기에,

▶ **Youth and age will never agree.**

▶ 젊은이와 늙은이와는 결코 의견이 맞아떨어지는 일이 없다.

라는 속담이 생겼다. 부모를 보는 눈이 나이를 먹어감에 따라 어떻게 달라지나 살펴보자.

▶ **Parent just don't understand young people. They've got nothing in common with young people.**

▶ 부모란 전혀 젊은이를 이해하지 못한다. 젊은이와의 공통점이라고는 하나도 없다.

이것은 20세 안팎의 청년들의 부모에 대한 평가이다. 그러나 30대에 접어들면 변화가 생긴다.

명언

Am I my brother's keeper?

\- Bible

▶ 내가 동생을 지키는 사람인가요? (아닙니다.)

황순원 씨의 작품에 '카인의 후예'라는 것이 있는데 '카인'은 Cain, 영어 발음은 [kein]이다. 인간의 조상인 남성 No.1의 Adam에게는 아들이 둘 있었는데 Abel[èibəl]과 Cain 형제는 사이가 나빠 Cain이 Abel을 돌로 쳐 죽였다.

신은 이 사실을 알면서도 모른 척하고 Cain에게, Where is your brother? 라고 묻자 Cain은, Am I my brother's keeper? 라고 딴전을 피웠다고 한다.

이러한 고사에서 자기가 누구를 죽이든지 나쁜 짓을 하고도 모른 척하는 경우에 이 말을 쓰게 되었다. 시침을 딱 뗀다는 뜻.

▶ **How did my parents know so much so young?**

▶ 어떻게 부모님은 젊었을 적에 그렇게도 많은 것을 알고 계셨을까?

그리고 50세쯤 되어서 부모님 제사라도 모시고 나서는 이렇게 말한다.

▶ **My parents were wonderful – always had a clear mind and right sensible ideas.**

▶ 나의 양친께서는 놀라운 분이셨다. – 언제나 명쾌한 정신과 옳고, 분별 있는 생각을 지니고 계셨다.

그리고 세상은 반복되는 것, 순종을 모르는 자식을 갖고 있는 부친들에게 다음과 같은 위로의 말을 소개해 둔다.

▶ **Fathers must not get too discouraged if their sons reject their advice. Years later, the sons will be able to offer it to their own offspring.**

▶ 아버지들아, 자식이 당신들의 충고를 거역한다고 해서 너무 실망하지 말지어다. 해가 가면 아들도 또한 같은 충고를 자손들에게 해줄 수 있을 것이니.
* **offspring** 자손.

명언

Marriage without love is not marriage.

– Tolstoy

▶ 사랑이 없는 결혼은 결혼이 아니다.

이 말에 이어 러시아의 문호 톨스토이(**Tolstoy** : 1828~1910)는 다음과 같이 계속하고 있다.

Love alone sanctifies marriage. Only the marriage sanctified by love is the true marriage.

(오로지 사랑만이 결혼을 신성화한다. 사랑에 의해 신성화된 결혼만이 진실된 결혼이다.)

그러나 아이러니컬하게도 그는 82세의 고령으로 가출을 해서 폐렴에 걸려 애스터포바의 작은 기차 역사(驛舍)에서 죽었다. 가출의 원인은 아내와의 불화였다고.

A watched pot never boils.

지켜보고 있는 냄비는 끓지 않는다.

시장하다고 해서 냄비 속에 넣은 라면을 지켜보고 있자니 여간해서 끓지 않는다. 그런가 하면 불 위에 올려 놓고 잠깐 딴 일을 보다 보면 끓어 넘치고 있다. 흔히 있는 경험이다.

사나이 일대 결심을 하고 그녀에게 보낸 연애편지의 회답을 일각이 여삼추로 목이 빠지게 기다리는 심리와도 통한다. 학이 목이 길다고 해서 중국인은 이런 기다림을 학수고대(鶴首苦待)라 했다.

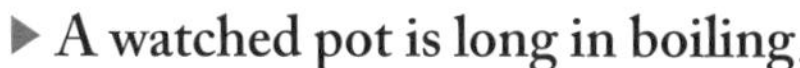

▶ **A watched pot is long in boiling.**

▶ 지켜보고 있는 냄비는 더디 끓는다.

라고도 한다. 만사는 인내심이 필요하다. '냇물은 보이지도 않는데 신발부터 벗는' 경망한 짓을 저지르기 쉽다.

Haste makes waste.

성급하면 손해본다.

haste(서둘다)와 **waste**(낭비하다)의 운(韻)이 조화를 이루는 데 묘미가 있다. 너무 서두르는 바람에 뻔히 아는 문제에서 X표할 곳에 ○표한 기억은 누구에게나 있으리라.

그러나 인생 문제에서는 그 여파가 심각하다.

▶ **Marry in haste, repent at leisure.**

▶ 성급한 결혼, 천천히 후회.

라는 것이 그 전형적인 예이다.

얽은 곰보 자국을 보조개로 알고 서둘렀더니, **too late**. 가정법원이 번창하는 근본 원인이 **haste**이다. 이건 인생의 **waste**이기도 하다.

▶ **Make haste slowly.**

라는 말이 성립될 수 있는지는 모르겠으나,

▶ **Slow but steady wins the race.**

라는 말은 있다.

▶ **Make haste, less speed.**

▶ **Make haste slowly.**

등도 성급히 굴다가 일을 그르치는 것을 경고한 속담들이다. 우리 속담에 "느린 걸음이 잰 걸음"이라는 것이 있다.

▶ 천천히 서둘러라

▶ 천천히 그리고 착실해야 경주에 이긴다.

▶ 급할수록 천천히 가라.

▶ 천천히 서둘러라.

Cast not your pearls before swine.

돼지에게 진주를 던져주지 마라.

이 말은 그리스도의 '산상의 교훈'에 나오는 말이다. "바보는 약으로 못 고친다."고 했다. 어리석은 자에게 "진주와 같은 진리"를 설득시키려 한다는 것은 무익한 일이다. 어리석은 나머지 명산의 명당자리에 묻힌 조상의 묘를 파헤쳐 옮기는 우(愚)를 경계하여 우리의 속담은 "반편이 명산 폐묘(廢墓)한다."고 경계했다.

한편, 돼지(**swine, sow, pig** 등)가 등장하는 속담 중엔 돼지에게는 억울한 것이 허다하다.

▶ **You can't make a silk purse out of a sow's ear.**

"될성부른 나무는 떡잎부터 알아본다."고 가망이 없는 노력은 소용이 없다는 내용이다. 아무리 페스탈로치와 같은 교사라도 둔하고 게으른 제자를 훌륭한 인격자로 교육하기는 불가능한 것이다.

▶ 암퇘지 귀로 비단 지갑을 만들지 못한다.

▶ **Never buy a pig in a poke.**

▶ 자루 속에 든 돼지는 사지 마라.

모든 거래에서 정확한 감정이 필요하다. 내용물을 잘 살펴보지도 않고 그럴듯한 포장이나 상표만 보고 구입했다가는 바가지를 쓴다.

Tread on a worm, and it will turn.

벌레도 밟으면 꿈틀한다.

turn에는 '회전하다, 뒹굴다, 변하다' 등의 뜻이 있지만 **turn against~** 라고 하면 '반대하다, 저항하다'의 뜻인 이디엄이 된다. 말할 것도 없이 우리 속담의 "지렁이도 밟으면 꿈틀댄다."의 서양판이다.

명언

One is never as fortunate or as unfortunate as one imagines.

– Duc de la Rochefoucauld

▶ 사람이란 스스로 상상하고 있는 만큼 행복하지도 불행하지도 않다.

지피지기(知彼知己)면 백전백승(百戰百勝)이라는 말이 있다. "적을 알고 나 자신을 알면, 백 번 싸워 백 번 이길 수 있다."는 병법의 말이다. 그만큼 남은 물론 자기 자신을 안다는 것은 어려운 일이다. 혹자는 엄청난 부(富)를 누리고 있기에 이제 더 이상의 행복을 바랄 것이 없는 것처럼 생각되지만 주가가 떨어질까 봐, 또는 정신박약아인 딸 때문에 늘 고민을 하기도 한다.

그런가 하면 '난 이 세상에서 가장 불행한 여자'라고 한탄하는 올드미스도 아프리카 정글 속의 인골로 목걸이를 만들어 걸고 있는 흑인 처녀와 자기를 바꾸라면 질색을 할 것이다.

▶ **The early bird catches the worm.**

에서도 나오지만, **worm**(벌레)이란 무력한 희생자이다. 그러나 아무리 무력하고 허약한 사람이라고 해도 만만하게 짓밟으면 화를 입을 수도 있음을 경고하고 있다.

▶ 일찍 일어나는 새가 벌레를 잡는다.

"궁한 쥐가 고양이를 문다."고, 사람이란 궁지에 빠지면 무슨 짓을 할지 모른다. '느린 소도 성낼적이 있는(緩牛怒)' 법이다.

한편 **worm**이라고 하면 현대에서는 '벌레'만을 가리키나 고어에서는 구렁이나 살무사 같은 뱀도 지칭했었다. 한문으로 뱀과 개구리 같은 파충류를 ' 벌레 蟲' 자를 쓰는 것도 의미가 있는 용법이다. 이 뱀이 등

명언

Youth is a blunder ; Manhood a struggle ; Old age a regret.

- B. Disraeli

▶ 청년은 실수하고, 장년은 투쟁하며, 노년은 후회한다.

* blunder [blʌndər] 큰 실수, 실수하다.

Benjamin Disraeli (1804~1881)는 영국의 정치가로 두 번이나 수상이 되었다. 소설도 여러 권 썼다.

청년시대에는 혈기가 왕성해서 소주를 열두 병이나 마시고 쓰러지기도 하고, 장년이 되면 생활고에 자식의 대학 진학을 위해서. 학원 비용을 대기 위해서 회사 돈을 축내기도 하고, 셋방살이를 면하고자 몸부림치기도 하고, 간신히 노년까지 살아남아 보니 '아, 그때 그 일을 이렇게 했었으면……. '그때 그 여자와 결혼했어야 했는데.' 등 양로원에 들어앉아 한숨어린 후회를 한다.

장하는 속담에,

▶ **A snake in the grass.**

▶ 풀 속의 뱀.

라는 것이 있다. 이 속담은 외면으로는 멀쩡하나 사악한 마음을 지닌 사람을 경계해서 비유한다.

영국에는 목초지가 많고 여러 종류의 뱀이 서식하고 있는 것이 사실이나 이 속담은 그들의 전원생활의 경험에서만 만들어진 것은 아니고, 웰기류스의 '목가(牧歌)' 속의 1절인 **Latet anguis in herba**(풀 속에 뱀이 숨어 있다.)에서 유래된 것 같다.

즉, 융단처럼 부드러운 풀이나 들꽃의 아름다움에 취하기 전에 그 밑에 스멀거리는 뱀의 존재를 유의하라는 경구이다.

Don't throw out(or empty out) the baby with the bath water.

목욕물과 함께 아기를 쏟아내 버리지 말라.

아주 재미있는 내용의 충고이다. 사람이란 무엇에 지나치게 열중하거나, 한눈을 팔다가는 뜻하지 않은 실수를 저지르게 마련이다. 밤새도록 울다가 누구 초상이냐고 묻는다면 상주는 어안이 벙벙해질 것이다.

방향이 약간 빗나가지만 세탁에 관한 것도 있다.

▶ **Don't wash your dirty linens in public.**

▶ 더러운 마포(麻布)를 여러 사람들 보는 데서 빨지 말라.

영어에는 **the family skeleton** 이라는 표현이 있다. **skeleton**은 '해골'이라는 뜻이나, 이 표현의 뜻은 '남에게 숨기고 싶은 집안의 흉'이다. 즉, 이 속담에서 더러운 천을 대중 앞에서 세탁한다는 내용이 뜻하는 바는 자기의 흉을 구태여 남에게 인지(認知)시키는 짓을 하지 말라는 뜻이다.

우리 조상은 이 내용을 "제 밑 들어 남보이기."라고 그 어리석음을 탓했다. 또한 반대로 타인의 프라이버시(**privacy**)에 관한 일이라면 절대로 침해하지 않는 것이 저쪽의 예의이다.

You cannot eat the cake and have it.

케이크를 먹기도 하고 갖기도 할 수는 없다.

우리 속담의 "누이 좋고 매부 좋다."라든지, "님도 보고 뽕도 딴다."는

명언

The world itself is but a large prison, out of which some are daily led to execution.

- Sir Walter Raleigh

▶ 세계 그 자체는 다만 큰 감옥에 지나지 않는다. 그곳에서 매일 얼마간의 사람이 집행장으로 끌려 나간다.

Walter Raleigh(1552~1618)경은 **Elizabath** 여왕을 시종한 귀족. **America** 대륙을 왕래하며 처음으로 감자와 담배를 **Europe**에 들여왔었다. 여왕이 물고인 길을 건널 때 입고 있던 망또를 벗어 땅에 깔기도 했고, 담배를 피우다가 화재로 오인한 하인들에게 물세례를 받기도 한 파란만장의 사나이.

위의 말은 그가 모함을 받아 감옥에 투옥 되었을 적에 재판소에서 감옥으로 돌아오는 마차 속에서 술회한 명언이라고 전한다.

경우와는 정반대이다. 좋은 일만 다 차지할 수는 없다는 내용이다. 즉, 케이크는 먹으면 없어지게 마련이어서 실컷 먹고, 갖기도 할 수는 없다. 금전도 마찬가지여서 써버리면 그만큼 줄어들지, 쓴 액수만큼 저절로 지갑에 채워지지는 않는다.

여기에서 **cake**이라는 것은 밀가루를 주원료로 한 과자이다. 설탕을 주원료로 한 것은 **candy**라고 한다. 카스텔라는 **cake**에 속하고, 초콜릿은 **candy**에 속한다.

서머셋 모옴의 소설 제목으로도 쓰인 **cakes and ale**(과자와 맥주)이라는 말은 '인생의 즐거움'을 뜻한다. '먹고 마시는 것'은 식도락가가 아니더라도 즐거운 일이다. 서양 사람들도 그 표현의 묘가 어지간하다.

A man without reason is a beast in season.

이성(理性)이 없는 사람은 발정기의 짐승이다.

reason(이성) [**rízn**]과 **season**(계절)의 [**sí:zn**]을 발음상으로 짝지운 비유이다. 그리고 **in season**은 관용어로서 '발정기에 처해 있는'의 뜻이다.

한문으로서의 이성을 풀이해 봐도 재미있다. 즉 理자를 빼버리면 性만 남는다. 더구나 인간은 성에 관해서는 동물들처럼 일정한 시기도 없기에 처치곤란하다.

외국의 어느 대사전에서 **reason**의 항목을 살펴보니 '이성(理性)이라는 의미의 예문으로 다음과 같은 문장 셋이 실려 있었다.

▶ Animals have no reason.

▶ Whether dogs have reason is a question of definition.

▶ God and reason are identical.

▶ 동물은 이성을 지니지 않는다.
▶ 개가 이성을 지니느냐 여부는 정의를 내리기에 달렸다.
▶ 신이란 바꾸어 말해서 이성이다.

참으로 교묘한 예문의 선택과 그 배열이다. 동물에게는 이성이 없지만 시즌은 있다. 시즌(발정기)을 지킨다는 점에서는 개에게도 이성이 있다고 정의를 내릴 수도 있다. 개도 인간도 신이 창조하신 것이다.

As good be hanged for a sheep as a lamb.

어차피 교수형을 당하려면 새끼양보다는 어미양을 훔쳐라.

* **as A as B** A나 B나 매한가지인.

가축이 재산의 큰 몫을 차지했던 중세기에는 남의 가축을 훔친다는 것

명언

Do as you would be done by, is the surest method of pleasing

- Chesterfield

▶ 남에게 받고 싶은 바를 남에게 해 주는 것이 남을 기쁘게 하는 가장 확실한 방법이다.

18세기 영국 정계의 실력자였던, **Chesterfield**경이 어린이들에게 모범이 될 여러 가지 말을 집대성한 **Letters**라는 저서를 썼는데 위의 말은 그 중의 일부.

그러나 말이 쉽지 이건 지극히 어려운 일이다. 특히 요즈음 같은 세태에서는 잘못했다가는 일방적으로 손해만 보고 쓴 입맛을 다셔야 한다. 무거운 보따리를 들어주겠다는 순진스러운 처녀의 친절을 믿고 보따리를 맡겼더니 인파 속으로 자취를 감추기도 한다. 시험볼 때 옆구리를 쿡쿡 찌르기에 답안을 보여 주었는데 막상 자기 것을 보여달라니 모르는 척하는 친구도 있다. 그러나 그럴수록 **Chesterfield**의 가르침은 빛을 발한다.

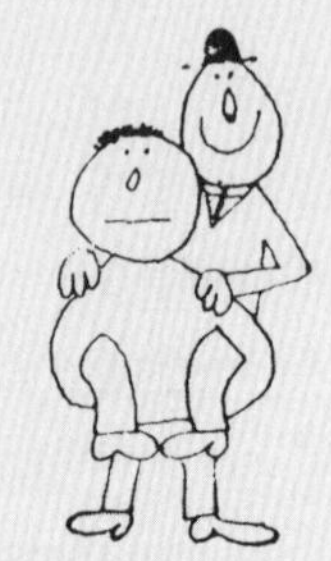

은 중죄에 속했다. 서부활극에서도 남의 가축을 훔친 자를 교수형에 처하는 장면이 나온다.

그러나 이왕 교수형을 각오했다면 새끼양보다는 큰 양쪽에 도전하는 편이 보람(?)이 있을 법하다.

이 속담은 도둑님들에게 대한 충고가 아니라, 이왕 모험이나 위험을 무릅쓴 거사를 하려거든 통이 크게 일을 저지르라는 비유이다. 특히,

▶ **All is fair in love and war.**

라고 했다.

▶ 사랑과 전쟁에서는 모든 수단이 정당하다.

Don't whistle until you are out of the wood.

숲속을 완전히 빠져나오기 전에는 휘파람을 불지 마라.

지금은 이 숲속이 피크닉이나 캠핑 장소로 즐거운 곳이 되었지만 옛날에는 그렇지가 않았다. 즉, 숲속은 도둑이나 야수의 본거지였기 때문이다. 따라서 숲을 거의 빠져나왔다고 해서 마음이 들떠 휘파람이라도 분다는 것은 자기의 소재를 위험 앞에 노출시키는 성급한 처사가 된다. 만사에 경솔했다가는 낭패를 보게 됨을 충고하는 속담이다.

Gather ye rosebuds while ye may.

가능할 때, 쾌락을 즐겨라.

퇴폐적인 것 같지만 일리는 있다. 학생 시절에 마음껏 청춘을 구가하지 않고는 후회가 남는다. 또한 도를 지나치지 않은 쾌락은 인생의 즐거움이기도 하고, 활력소이기도 하다. 수도승이나 성직자가 아닌 다음에야 쾌락을 외면할 필요는 없다. 단, 그 쾌락을 즐길 시간적인 또는 금전적인

여유가 있을 때 즐겨두라는 충고이다. "메뚜기도 오뉴월이 한철."이라고 누구나 자기의 전성기는 있는 법이다.

여기에서의 **ye**는 주격(主格)인 **you**의 고어체로서 명령문의 주어(主語)를 나타낼 때는 동사 뒤에 오게 하는 것이 관례였다. 그리고 **gather roses** 또는 **rosebud**(장미꽃 봉오리)는 이디엄으로 '쾌락을 추구하다'의 뜻이다.

Judge not a book by its cover.

그 표지로 서적을 판단하지 마라.

아닌게 아니라 내용이 별 것이 아닌 서적일수록 호화로운 표지를 해서 내놓고, 속이 빈 여대생일수록 서점보다는 옷가게 출입이 잦다.

마찬가지로 사람됨을 평가하는 데는 외모의 차림보다는 사귀어 봐야 안다.

▶ **All is not gold that glitters.**

▶ 번쩍이는 것이라고 모두가 금은 아니다.

One must draw the line somewhere.

어딘가에 선을 그어야 한다.

양보하는 데도 한계가 있고, 참는 데도 정도가 있다. 이 한계를 자꾸 미루다가는 만만한 사람으로 여겨 사람 대접을 못 받게 된다.

영어에서 '만만한 사람'을 **a soft touch**라고 한다. 직역하면 '물렁한 감촉'. 다음은 방학 동안 할아버지 댁에 놀러 간 손자 녀석이 부모에게 보낸 편지이다.

▶ **Dear Dad.**

▶ **Today, we played William Tell, and I tried to hit the apple off Grandpa's head with my bow and arrow without hitting Grandpa. I didn't do so well.**

Love, *Stanley*

▶ 친애하는 아빠.
▶ 오늘 우리는 윌리엄 텔 놀이를 했는데, 난 내 활과 화살로 할아버지를 다치지 않고 할아버지 머리 위의 사과를 맞추기로 했답니다. 그러나 썩 잘하지는 못했지 뭐예요.
사랑하는 스탠리 올림.

화살이 할아버지의 이마에라도 맞은 모양이다. 녀석들은 누가 자기들에게 맥도 못쓰는 **a soft touch**인가를 천성적으로 잘 분간한다. 그래서 "손자를 귀애하면 코 묻은 밥을 먹는다."라고 했다.

Put your trust in God, but keep your powder dry.

천우신조(天佑神助)를 믿더라도, 화약을 적시지 마라.

크롬웰 장군이 도하작전에서 부하들에게 한 말이 속담으로 자리를 굳혔다. 비록 신이 우리 편을 들어 싸움에 이길 것이 분명은 하되, 각자의 태세에 허술함이 있어서는 안 된다는 내용이다.

지금의 총포는 물 속에서도 발사할 수가 있으나, 당시의 소총인 화승총은 화약이 젖으면 불이 당겨지지 않아 발사가 되지 않았다.

이 속담은 과신(過信)은 금물임을 깨우치고 있는데 내용이 비슷한 것으로,

▶ **There's many a slip between cup and lip.**

이라는 내용의 속담도 있다.

▶ 입술과 찻잔 사이에서도 실수는 많다.

Strike while the iron is hot.

쇠는 달았을 때 두드려라.

만사에는 시기가 있다. 시기가 무르익었을 때 서둘러야지 그러지 못하면 기회를 놓친다. 이것과 비슷한 내용에,

▶ **Make hay while the sun shines.**

▶ 해가 쬐는 동안에 건초를 만들라.

장마철에 접어들어 건초를 만들려 하다가는 퇴비 증산은 할지 모르나 가축은 굶어죽는다.

충고 각국의 속담

▶ **It is good to give advice, but better to give the remedy.** – *France*

충고를 하는 것은 좋은 일이나, 구제해 주는 것이 더 낫다.

▶ **Ask people's advice, but decide yourself.** – *Russia*

남의 충고를 구하되, 스스로 결정하라.

▶ **Praise a fool and you make him useful.** – *Denmark*

바보를 칭찬해 주어서 유용하게 부려라.

▶ **Love your children with your heart, but train them with your hands.** – *Russia*

아이들을 마음으로 사랑하되 손으로 훈련시켜라.

▶ **It is as hard to follow good advice as to give it.** – *Germany*

좋은 충고를 따르는 것은 충고를 하는 것만큼 어렵다.

▶ **If you ask the advice of a wise man you have the half of his wisdom.** – *Israel*

현자에 충고를 구한다는 것은 이미 당신도 그의 반만큼은 현명하다는 증거이다.

▶ **Love your neighbour, but don't tear down the fence.** – *Germany*

이웃을 사랑하되 그렇다고 울타리를 제거하지 마라.

▶ **Do not lean against a falling wall.** – *Czechoslovakia*

다 쓰러져 가는 담에 기대지 말라.

▶ **Be as patient as an ox, as brave as a lion, as industrious as a bee, and as cheerful as a bird.** – *Yugoslavia*

황소처럼 참을성 있고, 사자처럼 용감하고, 벌처럼 부지런하고, 새처럼 즐거워하라.

▶ **If you have nothing to do, go home early.** – *China*

할 일이 없으면 속히 집으로 가라.

081 손아귀 속의 새 한 마리는 덤불 속의 새 두 마리보다 낫다.

082 그물 속의 새 한 마리는 하늘을 나는 백 마리보다 낫다.

083 경험에 의해서 어리석은 자도 현명해진다.

084 외관은 사람으로 하여금 착각하기 쉽게 한다.

085 어떻게 해서 선생님은 그토록 현명해지실 수가 있었습니까?

086 큰 벼룩에는 작은 벼룩이 기생한다.

087 때맞은 한 바늘은 아홉 바늘을 절약한다.

088 흰 벽면은 바보의 잡기장이다.

089 보는 것이 믿는 것이다.

090 지푸라기 하나로 바람부는 방향을 안다.

Key Word

081 bird, bush.
082 one bird, flying.
083 experience, wise.
084 appearances.
085 wise.
086 big fleas, little fleas.
087 stitch, nine.
088 white, paper.
089 believing.
090 shows, blows.

Answer

081 A bird in the hand is worth two in the bush.
082 One bird in the net is better than a hundred flying.
083 Experience makes even fools wise.
084 Appearances are deceitful.
085 How come you're so wise?
086 Big fleas have little fleas.
087 A stitch in time saves nine.
088 A white wall is a fool's paper.
089 Seeing is believing.
090 A straw shows which way the wind blows.

091 버스를 놓치지 마라.

092 나는 아테네인도 아니고, 그리스인도 아닌 세계 시민이다.

093 두 사람의 머리가 한 사람의 머리보다 낫다.

094 네 개의 눈은 두 개의 눈보다 낫다.

095 현명한 사람은 달걀을 한 광주리에 담지 않는다.

096 행운은 앞머리를 잡아라.

097 용기에 앞서 신중을 기하지 못하면 만용.

098 기회를 놓치지 마라.

099 현자(賢者)는 긴 귀와 짧은 혀를 갖고 있다.

100 자고 있는 개는 내버려두어라.

Key Word

091 miss the bus.
092 athenian, Greek.
093 better than one.
094 eyes.
095 wise, basket.
096 fortune, forelock.
097 discretion, valour.
098 take, forelock.
099 a shot tongue.
100 sleeping dogs.

Answer

091 Don't miss the bus.
092 I am not an Athenian or a Greek, but a citizen of the world.
093 Two heads are better than one.
094 Four eyes see more than two.
095 A wise man does not trust all his eggs to one basket.
096 Seize the fortune by the forelock.
097 Discretion is the better part of valour.
098 Take time by the forelock.
099 The wise has long ears and a shot tongue.
100 Only in water can Let sleeping dogs lie.

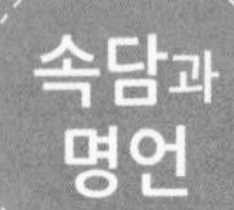

06 언행에 관한 속담

Good words cost nothing.

고운 말에 밑천이 안 든다.

사람에 따라서는,

▶ **Good words cost nothing but are worth much.**

처럼 **but are worth much**를 첨가해 말하기도 한다.

▶ 고운 말에는 밑천이 안 들 뿐 아니라 크게 가치가 있다.

"말 한 마디에 천 냥 빚도 갚는다."고 대인관계에 있어서는 '아' 다르고 '어' 다르다. 비록 사소한 발음상의 차이라도 그 말씨 여하로 상대편에 주는 심리적인 반응이 크게 달라진다는 경우이다. 그리고 크게 밑천이 드는 일도 아니니 구태여 가시돋힌 말투로 상대방의 감정을 살 필요는 없겠다. 그리고 "가는 말이 고와야 오는 말이 곱다."고 고운 말에는 대가가 따른다.

The pot calls the kettle black.

냄비가 솥보고 검다고 한다.

우리 속담의 "똥 묻은 개가 겨 묻은 개를 나무란다."와 같은 것. 한문 표현으로는 '오십보백보(五十步百步)'.

"나는 처음으로 커닝을 했습니다만 그 애는 벌써 세 번이나 했습니다."와 마찬가지. 나쁜 짓임에는 다름이 없다.

pot는 속이 깊은 냄비이다. 금속제, 도자기류, 유리로 만들어진 것도 있다. **coffee pot, watering pot**(화단에 물주는 주전자) 등도 있다.

keep the pot boiling이라고 하면 이디엄으로 '살림을 꾸려 나가다'의 뜻이 된다. 냄비물이 끓고 있으니까 살림을 하고 있다는 의미가 은연중 내포된다.

Great talkers are little doers.

말이 많은 사람은 하는 일이 적다.

여기에서는 **talkers**(talk+er)와 **doers**(do+er)가 대조를 이루어 쓰이고 있다. "빈 수레가 더 요란하다." 또는, "먹지 않은 씨아에서 소리만

명언

A soft answer turneth away wrath.

- Golden Rule

▶ 부드러운 말대답은 노여움을 가시게 한다.

turneth는 **turns**의 옛날 형태. "웃는 얼굴에 침 못 뱉는다."는 우리 속담과 비슷한 **golden rule**(좌우명)이다.

서울의 어느 레스토랑. 무릎 위에 커피를 엎지른 여종업원의 "죄송해요."라는 부드럽고 상냥한 말씨에 **wrath**는 어디로 가고 **affection**(애정)이 샘솟아 마침내 **wedding march**를 듣게 된 재일교포 실업가가 있었다고 한다. 이건 정말이다. (**This is a true story**.)

하여간 말 한 마디에 천 냥 빚도 갚는다는 것은 만고의 진리.

난다."고 큰소리 텅텅치는 사람치고 실속은 없는 법이다. '씨아'는 목화씨 빼는 기구의 명칭이다.

이 속담은,

▶ **He that promises too much means nothing.**

▶ 약속이 헤픈 사람은 지킬 의도가 없다.

과 맥을 통한다. 정치인의 속성을 옛사람들은 이미 간파하고 있었나 보다.

▶ **When a politician says nothing, it means something. When he says something, it means nothing.**

▶ 정치가가 아무 말도 없을 때는 무엇인가가 있다. 그가 무슨 말이 있을 때는 아무것도 없다.

정치인 외에 낚시꾼이나 사냥꾼에게도 **great talker**가 많다. 피라미 몇 마리를 잡고도 월척을 낚았다고 큰소리친다.

어느 풋내기 사냥꾼(**amateur hunter**)이 몰이꾼을 거느리고 곰사냥을 나갔다. 곰의 발자국을 발견하고 엽총을 고쳐 잡은 그 사냥꾼은 장담을 하고 단신 추적에 들어갔다. 그런데 한 시간도 못 되어 빈 손으로 돌아왔다.

▶ **"What's the matter? Lost the foot prints?"**

▶ 어찌된 일입니까? 발자국을 놓쳤나요?

몰이꾼들이 의아스럽게 물었다.

▶ **"As a matter of fact, no. The foot prints were getting too fresh. So I quit."**

▶ 사실은 그렇지가 않소. 발자국이 자꾸 생생해지기에 그만두어 버렸소.

큰소리는 쳤지만 곰이 가까워지자 겁이 덜컥 났던 모양이다.

Speech is silver, silence is gold.

웅변은 은, 침묵은 금이다.

silver는 **gold**와 비교해서 낮은 것, **speech**(말)보다 **silence**(침묵)가 값진 것임을 뜻하고 있다.

▶ **A still tongue makes a wise man.**

▶ 과묵은 현인을 만든다.

과 맥을 같이하는 격언이다.

말이란 자기의 의사 표시로서 자칫 실수하면 주워담을 수 없는 낭패나 오해를 사기 쉽다. 더구나 "가루는 칠수록 고와지고, 말은 할수록 거칠어진다."고 시비의 근원이 된다. 그리고 또한 "말은 할수록 늘고, 되질은 할수록 준다."고 했다.

호랑이 담배 피우던 시절처럼 인간의 활동이 적고, 일정한 틀 속에서 자기 신분대로만 살아가던 시절에는 묵묵한 사람이 무게가 있어 보였다. 하지만 사회생활이 복잡해지고, 자기의 이익을 옹호해야 하며, 특히 민주주의하에서는 자기의 의견을 소리 높이 주장하지 않고는 남의 결정에 따라갈 수밖에 없게 되었다.

▶ **Silence gives consent.**

▶ 침묵은 승낙으로 간주된다.
* **consent** 동의하다, 동의.

명언

There are only two ways of getting on in the world. By one's own industry, or by the stupidity of others.

- La Bruyere *La Bruyere(1645~1695)는 프랑스의 작가.*

▶ 출세에는 다만 두 가지 방법이 있다. 한 가지는 스스로의 근면에 의해서, 다른 한 가지는 남의 어리석음에 의해서.

루이 14세 치하의 퇴폐한 사회상을 예리하게 관찰한 작품을 썼다. 당시에는 남의 어리석음에 편승하는 약삭빠른 친구들이 많았던 모양.

한편 **Oscar Wilde**는 **Anyone can sympathize with the sufferings of a friend, but it requires a very fine nature to sympathize with a friend's success.** (친구의 고통에는 누구나 동정할 수 있으나 친구의 성공을 진심으로 기뻐하는 데는 훌륭한 천성이 필요하다.)라고 했다.

* **sympathize** [símpəθàiz] 감응하다, 공감하다.

"사촌이 땅을 사면 배아프다."고 실로 뼈아픈 말씀이다.

자기에게 불리한 결정에 침묵을 지키고 있다는 것은 찬성을 의미하는 것으로 간주되어도 할 말이 없다.

"말은 해야 맛이고, 고기는 씹어야 맛."이라고 이제 **speech**가 **silver**였던 시대는 지나간 모양이다. 따라서 이 격언은,

▶ **Speech is gold when rightly used.**

▶ 올바르게 쓰이기만 한다면 웅변도 금이다.

라는 보충의 말이 필요하게 되었다. 좀더 심하게 이야기하자면 현대는 "말 잘하는 것이 금이고 침묵은 납(鉛)이다."라는 반론을 제기하는 사람도 있을만 하다. 특히 외교관이나 **salesman**(외무사원)은 청산유수 같은 웅변이 없이는 입에 거미줄을 친다.

그러나 만사는 정도가 문제, 너무 말이 많으면 사람이 가벼워지고, 그 의견에 진실성이 감소된다. **Still water run deep.**이라는 속담도 있다. "조용히 흐르는 물은 그 수심이 깊다." 사람도 마찬가지로 유식한 체 되

명언

Truth is stronger than fiction.

– George G. Byron.

▶ 사실은 소설보다 기이하다.

영국의 낭만파 시인 바이런(**Byron**: 1788~1824)의 시 '돈 쥬안'의 다음 구절의 한 부분이다.

'Tis strange but true. For truth is always strange, stranger than fiction.'

(그것은 기이하다. 그러나 사실이다. 왜냐하면 사실은 언제나 기이한 것, 소설보다도 기이한 것이므로.)

* tis it is의 축약형

실제로 이 세상에서 일어나는 사실 중에는 이 말이 진실임을 통감하게 하는 것이 허다하다. 소설이란 인간의 생각 내의 요소로 구성되기 때문이다.

지도 않는 미사여구를 늘어놓는 사람일수록 별 것이 아니다. 정말로 잘난 사람은 여간해서 아는 척을 안 하고 조용하다.

이런 사람일수록 그 깊이를 알 수 없는 지식을 간직하고 있다. 얕은 수심에 좔좔 소리내어 흐르는 시냇물 같은 사람이 되지 않도록.

이러한 면을 경고하는 속담으로는 다음 항목의,

▶ **Empty vessels make the greatest noise.**

와 같은 것이 있다.

▶ 빈 그릇이 가장 요란한 소리를 낸다.

Empty vessels make the greatest noise.

빈 그릇이 가장 큰 소리를 낸다.

vessel은 용기(容器)를 뜻한다. 특히 항아리나 물그릇 같은 것. 이런 그릇은 속이 비어 있으면 소리가 크지만 속에 무엇을 채우면 두드려도 소리가 크게 나지 않는다. 이것과 비슷한 격언에는,

▶ **Shallow waters make the most sound** (**or noise**).

▶ 얕은 물이 요란한 소리를 낸다.

와 같은 것도 있다.

이 속담에서는 **vessel**이나 **shallow water**를 사람에 비유하고 있다. 머리에 든 것이 없는 사람일수록 말이 많다. 침묵은 금이라는 말은 여기서 연유한 격언이다. 머리에 든 것이 많은 사람일수록 과묵하다.

이 밖에

▶ **Empty wagons make the most noise.**

▶ 빈 마차일수록 소리가 요란하다.

라는 비유도 있다. 이 속담은 앞서 나온 우

리말 속담의 "빈 수레가 더 요란하다."와 그 내용이 완전히 일치하여 흥미롭다. 진리란 동과 서의 구별이 없이 통용되는 것이다.

한편 **weaker vessel**이라는 말이 있다. 직역하면 '약한 그릇', 이 말은 '여성'을 의미한다.

To say is one thing, to practice is another.

말하기는 쉬워도 행하기는 어렵다.

another는 **another thing,** 영문을 직역하자면, "말하는 것은 하나의 일이고, 행하는 것은 별개의 일이다." 혀끝으로 아무리 그럴듯한 소리를 해도 막상 실행에 옮겨 보라면 뒷걸음친다. "대신댁 송아지 백정 무서운 줄 모른다."고 자기가 국회의원에 당선만 되면 앞 강에 다리를 놓아주겠다고 한국은행 돈줄만 믿고 큰소리치던 입후보자도 있었다.

▶ **Easier said than done.**

▶ 행하기보다는 말하기가 쉽다.

공약을 남발하면 사람의 가치가 떨어진다.

All his geese are swans.

그의 거위는 모두가 백조란다.

자기 것이라면 못생긴 거위라 할지라도 백조처럼 좋게 보인다는 내용이다. 자기 자식 자랑은 참아줄 수 있지만 개중에는 목에 달린 혹마저 복덩이라고 자랑하는 사람이 있다.

거꾸로 백조가 거위가 되는 것을 영어에서는 "계획 등이 수포로 돌아간다."는 뜻으로 쓴다. 즉,

▶ **All my swans were turned to geese.**

▶ 모든 내 계획이 틀어지고 말았다.

거위가 등장하는 표현으로서는

▶ **Kill the goose that lays the golden eggs.**

▶ 황금알을 낳는 거위를 죽이다.

라는 것도 있다. 이솝 이야기에 연유한 표현으로 욕심이 지나쳐 달러 박스를 망친다는 뜻이다.

그런데, **The old woman is picking her geese.**라는 말이 무슨 뜻인지 아는 사람이 몇 분이나 될까? 할머니가 거위의 털을 뽑고 있다고 생각해서는 너무나 고지식하다. "눈이 펑펑 쏟아지고 있다."의 뜻이다.

마귀할멈이 빗자루에 올라타고 밤하늘을 비행하면서 거위털을 뽑아 던지면 눈이 되어 펑펑 쏟아지는 것으로 믿었던 옛사람들의 동화와 같은 미신에서 생겨난 표현이다.

명언

Experience is the name every one gives to their mistakes.

- O. Wilde

▶ 경험이란 사람들이 모두 자기의 과실에 부여하는 명칭이다.

Oscar Wilde(1856~1900)가 지난 세기 말의 위대한 문학가임에는 의문의 여지가 없다. 그는 감옥에서 **De Profundis**(깊은 곳으로부터)라는 시를 쓰기도 했다. 역설적인 경구(警句)를 많이 썼다.

그런가 하면 프랑스의 소설가 **Paul Bourget**(1852~1935)는 다음과 같은 말을 하기도 했다. **The proof that experience teaches us nothing is that the end of one love does not prevent us from beginning another.**

(경험이 우리에게 아무것도 가르치는 바가 없다는 증거로는 하나의 연애가 끝나도 다시금 다른 연애를 시작하려 함을 방지하지 못한다는 것이다.)

You never know what you can do till you try.

해보지 않고는 스스로의 능력을 알 수 없다.

시도해 보지도 않고 뒷걸음질치는 것은 안타까운 일이다. 인간이란 자기 스스로도 모르는 능력을 지니고 있는 것이어서 때로는 의외의 성과에 스스로 놀랄 때가 있다.

▶ **Do not cross the bridge before you come to it.**

해보기도 전에 겁을 먹고, 망설인 끝에 발길을 돌린다면 발전은 없다.

▶ **No one is crowned, but only he who has run his race.**

달려보지도 않고 1등상을 바란다면 곤란하다.

▶ 다리에 이르기 전에 다리를 건널 걱정을 하지 마라.

▶ 경주에 참가한 자라야 영광도 얻을 수 있다.

* **no one but~** 오직 ~만.

As you sow, so will you reap.

뿌린 씨는 거두어야 한다.

* **As…, so~** …하는 것과 마찬가지로 ~하다. so 다음의 주어와 동사는 도치되는 일이 많음.

한문의 '인과응보(因果應報)', 또는 '자업자득(自業自得)'이 이 속담과 맥을 같이 한다.

원래 이 속담은 성서의,

▶ **For what so ever a man soweth, that shall he also reap.**

에 근원을 두고 있다. 이 내용을 약간 방향을 바꾸어 나타낸 속담에,

▶ **As you make your bed, so you must lie on it.**

라는 것이 있다. 잠자리를 짚으로 깔았다면 몸에 배길 것이며, 비단으로 깔았다면 푸근할 것이다.

▶ 인간이 뿌린 씨는 무엇이든 그 스스로가 거두어들이리라.

▶ 네가 편 잠자리에 그대로 네가 누워야 한다.

A bad workman quarrels with his tools.

서툰 직공이 연장을 탓한다.

quarrels with 대신에 **blames**를 쓰기도 한다. 우리말 속담에 "선무당이 장고 탓한다." 또는 "서투른 숙수(熟手)가 안반만 나무란다." 격이다. 숙수는 잔치 등에서 요리하는 사람이고 안반은 떡칠때 쓰는 나무판이다. 대개 일에 능숙치 못하면 그 책임을 연장이나 남의 탓으로 돌리려는 심리를 꼬집은 격언이다.

"명필(名筆)은 붓을 가리지 않고, 주객(酒客)은 청탁(淸濁)을 가리지 않는 법."이다.

Do not wear out your welcome.

오래 머물러서 환대를 싫증으로 변하게 하지 마라.

직역하면, "당신에 대한 환영을 닳아 없어지게 하지 마라."의 뜻이다. 아무리 반가운 손님도 지나치게 시간을 끌면 번거로워진다. 그래서 우리 속담에도, "손님은 갈수록 좋고, 비는 올수록 좋다."라는 것이 있다.

여기에서의 **wear out**은 '진(盡)하게 하다, 닳아 없어지게 하다'의 뜻.

It is a foolish bird that defiles its own nest.

스스로의 둥우리를 더럽히는 새는 어리석다.

* **defile** [difáil] 더럽히다, 모독하다.

"누워서 침 뱉기."격이다. 자기의 가정이나 자기 나라에 관해서 비위를 드러낸 그 체면을 더럽히는 것은 자기 둥우리에 똥을 싸는 새처럼 어리석다.

13세기경에 생긴 이 격언은,

It is a foul bird that fouls its own nest.

라는 형태로도 쓰였는데 여기에서 **foul**은 '불결한'과, '더럽히다'의 두 가지 품사로 쓰이고 있다.

Let sleeping dogs lie.

잠들어 있는 개를 깨우지 마라.

"긁어 부스럼."이라는 우리 속담과 맥락을 같이 한다. 조용히 잠들어 있는 개를 건드려서 시끄러운 상태를 자초할 필요가 뭐 있겠는가. 이것과 같은 뜻의 속담에는 사자가 등장하는 것도 있다.

Don't wake a sleeping lion.

이렇게 바람직하지 못한 일을 자초하면 다음과 같은 결과를 빚는다.

▶ **To stir up a honey's nest.**

▶ 벌집 쑤시기
* **stir** 휘젓다.

Many a true word is spoken in jest.

농담 속에 진실이 많다.

In jest의 **jest**는 '농담, 우스갯소리', '언중유골(言中有骨)'이라고 해서 위대한 정치가일수록 농담을 가장해서 실속있는 말을 완곡히 드러내 보이곤 한다. '허허실실(虛虛實實)', 그 진의를 재빨리 파악해서 딴전을 피우는 것이 역시 인물다운 인물로 친다.

영국의 극작가 버나드 쇼(Bernard Shaw)는,

▶ **"My way of joking is to tell the truth. It is the funniest joke in the world."**

▶ 나는 농담을 하기 위한 방편으로 진실을 말한다. 그것보다 더 재미있는 농담은 없다.

라고 말했다.

None are so blind as those who will not see.

보지 않으려 하는 자만큼 지독한 장님은 없다.

사물의 한 면만을 보고, 끝까지 자기 생각을 고집하는 완고한 사람처럼 설득하기 어렵고 처치곤란한 사람은 없다는 내용이다. **None** 다음의 **are**는 흔히 생략되기도 한다.

보는 것(**see**) 대신에 듣는 것(**hear**)으로 대치해서 말하기도 한다.

▶ **None so deaf as those who will not hear.**

▶ 듣지 않으려 하는 자만큼 지독한 귀머거리는 없다.

충고나 조언을 묵살하고 자기 주장대로만 하려는 외골수를 뜻한다. 즉, 융통성이 없는 사람을 탓하는 내용이다.

Practice what you preach.

스스로 설교하는 바를 실행하라.

말하기는 쉬워도 행하기는 어렵다. 자기가 행한 설교대로 실행한다면 성자(聖者)가 되겠고, 그렇지 않으면 아무리 훌륭한 설법도 공론(空論)으로 끝나기 쉽다.

이 속담을 뒤집어 말하면,

▶ **Practice is better than percept.**

▶ 아는 것보다 실행이 낫다.

가 된다. 셰익스피어는 '베니스의 상인'에서 다음처럼 인용하고 있다.

▶ **It is a good divine that follows his own instructions.**

▶ 자기의 설교를 실행하는 목사가 훌륭한 목사이다.
* **devine** 신성한, 목사, 예언하다.

The voice of the people is the voice of God.

백성의 소리는 신의 소리이다.

그리스의 시인 헤시오도스(**Hesiod**)에 유래한 속담이라고 한다. 한편 유명한 라틴어 "**Vox populi vox Dei**(백성의 소리는 하늘의 소리)"가 영국의 신학자 앨퀸(**Alcuin**)의 다음 말에서 유래했음을 주목할 가치가 있다.

▶ **Nec audiendi sunt qui solent docere, 'Vox populi, vox dei.' Cum tumultuoisitas vulgi semper in saniae proxima est.**

▶ '백성의 소리는 신의 소리'라는 말에 귀를 기울여서는 안 된다. 군중의 소란은 언제나 광기에 가까운 것이다.

또한 포프(**Pope**)는,

▶ **The people's voice is odd. It is, and it is not, the voice of God.**

▶ 백성의 소리는 기묘한 것. 신의 소리이기도 하고, 그렇지 않기도 하다.

라며 고개를 갸우뚱하고 있다. 동양적인 사고방식으로는 "민심(民心)은 천심(天心)."이라고 했다.

언행 각국의 속담

- **You're master of your own words, but once spoken, your words may master of you.** - *Scotland*
  당신의 말에는 당신이 주인이나, 일단 입 밖으로 나간 말은 당신의 주인이다.

- **It is too late to put one's hand to one's throat when the word has come out.** - *France*
  일단 말이 입 밖으로 나갔으면 목을 눌러도 늦다.

- **Use words like money.** - *Germany*
  말을 돈처럼 아껴 써라.

- **A gentle word opens an iron gate.** - *Bulgaria*
  부드러운 말씨는 철문을 연다.

- **To know a man's heart, listen to his words.** - *China*
  사람의 마음을 알려면 그의 말을 잘 들어봐라.

- **One talks of good deeds, but does not do them. One does bad ones, but does not talk of them.** - *Germany*
  인간은 착한 일에 관해서 말하나 그것을 행하지 않으며, 악한 일은 하되 그것을 말하지 않는다.

- **As long as the language live the nation is not dead.** - *Bohemia*
  언어가 살아 있는 한 민족은 죽지 않는다.

- **A man who knows two languages is worth two men.** - *France*
  2개 국어를 아는 사람은 두 사람만큼 유용하다.

- **The hand of a child and the mouth of a fool are always open.** - *Switzerland*
  아이의 손과 바보의 입은 늘 열려 있다.

- **An ox is tied by the horns, man by the tongue.** - *Bulgaria*
  황소는 뿔로 묶이나, 사람은 혀로 묶인다.

101 고운 말에 밑천이 안 든다.

102 냄비가 솥보고 검다고 한다.

103 말이 많은 사람은 하는 일이 적다.

104 웅변은 은, 침묵은 금이다.

105 빈 그릇이 가장 큰 소리를 낸다.

106 말하기는 쉬워도 행하기는 어렵다.

107 그의 거위는 모두가 백조란다.

108 해보지 않고는 스스로의 능력을 알 수 없다.

109 뿌린 씨는 거두어야 한다.

110 서툰 직공이 연장을 탓한다.

Key Word

101 words, nothing.
102 pot, kettle black.
103 little doers.
104 silver, gold.
105 empty vessels.
106 to say, practice.
107 geese, swans.
108 You never know.
109 sow, reap.
110 workman, tools.

Answer

101 Good words cost nothing.
102 The pot calls the kettle black.
103 Great talkers are little doers.
104 Speech is silver, silence is gold.
105 Empty vessels make the greatest noise.
106 To say is one thing, to practice is another.
107 All his geese are swans.
108 You never know what you can do till you try.
109 As you sow, so will you reap.
110 A bad workman quarrels with his tools.

111 오래 머물러서 환대를 싫증으로 변하게 하지 마라.

112 스스로의 둥우리를 더럽히는 새는 어리석다.

113 잠들어 있는 개를 깨우지 마라.

114 농담 속에 진실이 많다.

115 보지 않으려 하는 자만큼 지독한 장님은 없다.

116 스스로 설교하는 바를 실행하라.

117 백성의 소리는 신의 소리이다.

118 경주에 참가한 자라야 영광도 얻을 수 있다.

119 행하기보다는 말하기가 쉽다.

120 얕은 물이 요란한 소리를 낸다.

Key Word

111 Do not, welcome.
112 foolish, defiles.
113 sleeping dogs.
114 true, spoken in jest.
115 blind, not see.
116 practice.
117 people, God.
118 crowned, race.
119 easier.
120 shallow, sound.

Answer

111 Do not wear out your welcome.
112 It is a foolish bird that defiles its own nest.
113 Let sleeping dogs lie.
114 Many a true word is spoken in jest.
115 None are so blind as those who will not see.
116 Practice what you preach.
117 The voice of the people is the voice of God.
118 No one is crowned, but he who has run his race.
119 Easier said than done.
120 Shallow waters make most sound (or noise).

07 인생에 관한 속담

A drowning man will catch at a straw.

물에 빠진 자는 지푸라기라도 잡는다.

Straw는 '짚'의 뜻이나 '하잘것없는 것'을 의미하며, **will**은 '~하는 법이다'라는 습관을 나타낸다. 그리고 **catch at**에서 **at**이 붙으면 단순히 '잡다'가 아니라 '~을 겨냥(목적)해서 잡다'의 의미가 된다.

아닌게 아니라 물에 빠져 허우적거리는 사람은 지푸라기 뿐만이 아니라 수초든 물고기(?)든 닥치는 대로 잡고 매달린다. 구조 요령도 모르고 손을 뻗쳤다가는 떼죽음을 하는 비극이 생긴다. 실제로 서산읍 가까이에 있는 잠홍 저수지에서는 아이가 물에 빠지는 바람에 어머니를 포함해서 일가족 4명이 수중 고혼이 된 일이 있었다.

그러나 이 속담에서는 물에 빠진 사람의 심리를 나타내기보다는 위급한 처지에 빠지면 눈이 뒤집혀 못하는 일이 없음을 암시하고 있다.

그러나 일단 위기를 모면하면 사람의 마음은 달라진다. "뒷간에 갈 적 맘 다르고 올 적 맘 다르다."고, 위급에 처해서 하느님과 부처님을 목마르게 찾다가도 일단 모면하고 나면 싹 달라진다. 이러한 야박한 심리를 서양 속담에서는 이렇게 표현한다.

▶ **Once on shore, we pray no more.**

Once on shore는 **Once we are on the shore**의 생략으로 **once**는 '일단~하면 곧'의 뜻.

▶ 일단 해안에 오르면 더 이상 기도드리지 않는다.
* **shore** 바닷가, 해변

Once a beggar, always a beggar.

일단 거지가 되면 언제나 거지.

이 속담의 말은 어느 나라에나 마찬가지로 적용이 될 법하다. 우리 나라에서도 거지처럼 팔자 좋은 사람도 없다. 학교에 갈 필요도 없고, 세금에 시달릴 필요도 없고, 만원 버스에 시달리며 김장 걱정을 할 필요도 없다. 푸른 하늘 아래 구름이 가는 대로 배가 고프면 구걸을 하고, 배가 부르면 누워 자는 곳이 내 집이라. – 한번 맛 들이면 거지 생활을 청산할

명언

What is fame? an empty bubble. Gold? a transient, shining trouble.

– James Grainger

▶ 명성이란 무엇인가? 허망한 물거품이다. 황금은? 허망한 번쩍이는 화덩어리다.

* **transient** [trænʃnt] 일시적인, 순간적인.

누구나가 추구하는 명성과 부를 이렇게 경멸하다니 신선이 다 된 서양 사람인가보다.

그러나 생각해 보면 명성이란 허무함을 우리는 역사에서 수없이 볼 수 있다. '화무십일홍(花無十日紅)이요, 달도 차면 기우나니'는 세도가의 허무함을 깨우친 노래이다. **Newspaper death**(신문지상의 죽음)이란 말이 있다. 한동안 신문지상을 장식한 유명인도 관직에서 밀려나면 어느덧 그 명성은 죽고 만다.

황금도 마찬가지, 돈이란 돌고 도는 것, 어느 일개인이 천년 만년 독점할 수는 없다. 그렇지만 범인(凡人)인 우리는 끈질기게 그 둘을 갈구한다.

수 없는 것이 사실인가 보다.

이러한 심리를 꿰뚫어 표현한 우리 속담에 "거지가 도승지를 불쌍타 한다."라는 것이 있다. 도승지(都承旨)는 승정원(承政院)의 으뜸가는 벼슬로서 아침이면 빠짐없이 임금님께 문안을 드렸다. 그런 도승지 신세가 자유분방한 거지 신세만도 못하게 보였나 보다. 한문으로는 '걸인연천(乞人憐天)'이라는 것이 있다. '비렁뱅이가 하늘을 불쌍히 여긴다.'는 뜻이다.

그런가 하면 영문학 시간에 애써 이 속담을 인용 소개했더니 이 말을 차용해서 어느 대학생 왈 "**Once a professor, always a professor**." 라고 비꼰 괘씸한 학생이 있었다. 그러나 어쩌랴! 역시 훈장님은 정년 퇴직 때까지 백묵가루를 마시고 사신다. 문교부 요직에 전출된 동료였던 어느 고관을 비웃으며…….

Everything comes to those who wait.

기다리는 자에게는 때가 온다.

직역하면 "모든 것은 기다리고 있는 사람들에게 오게 마련이다".

After a storm comes a clam. (폭풍우가 지나가면 날이 평온해진다.) "달걀도 굴러가다 서는 모가 있다."고, 성급히 굴지 말고 진득하니 기다리노라면 바라던 일이 성취될 기회가 오는 것이다.

고양이가 쥐를 잡는 장면을 보면 이 속담이 실감이 난다. 쥐가 들어간 구멍 밖에서 몇 시간이고 기다리고 기다리는 끈기. 견디다 못한 쥐가 뛰어나올 때까지 움직이려 하지 않는다.

어느 젊은 남녀가 교외로 드라이브를 나갔다. 어느 한적한 곳에 다다랐을 적에,

▶ The car's motor began to pound and finally stopped. The worried driver remarked to the young lady beside him, "I wonder what that knock could be?"

▶ "Maybe, it was opportunity." She answered.

엔진을 두드리는(**pound**) 소리가 이 성급한 아가씨에게는 운명의 문을 두드리는(**knock**) 소리로 들렸는지도 모른다. 운전석의 청년이 핸섬한 총각이라면 더욱더.

▶ 자동차의 모터가 쾅쾅 소리를 내며 끝내는 멈춰 버렸다. 걱정이 된 운전사가 옆좌석의 젊은 여인에게 말했다. "그 노킹 소리가 뭔지 모르겠군요."

▶ "아마도 기회가 노크하는 소리일지도 모르겠어요." 아가씨가 대꾸했다.

* **pound** 소리내어 두들기다.

* **remark** 말하다. 의견을 진술하다.

* **opportunity** 기회.

명언

One morning I awoke and found myself famous.

- Byron

▶ 어느 날 아침 일어나 보니 유명해져 있더라.

'셸리', '키이츠'와 더불어 19세기 영국 낭만파 시인. 독일의 '하이네'와 나란히 격렬한 사랑의 시를 수없이 썼다.

그러나 이 정열의 시인도 처음에는 무명의 선비에 불과했다. 그러던 중 **Childe Harold's Pilgrimage**라는 시집을 냈던 바 어찌된 영문인지 일약 유명해져서 시의 대가로 추앙을 받게 되었다. **Byron** 자신도 너무나 급격한 변화에 놀라 이 말을 했던 것이다.

그러나 부동산 사기에 걸려 "어느 날 아침 일어나 보니 파산했더라."는 일은 누구에게도 없어야 하겠다.

He laughs best who laughs last.

마지막에 웃는 자가 가장 잘 웃는다.

who 이하를 **He**에 직결해서, **He who laughs last laughs best**. 라고 돌려 말하기도 한다. 무슨 좋은 징조가 보였다고 해서 성급히 좋아했다가는 낭패하기 쉽다는 경구이다. 우리 조상들은 이런 경우를 가리켜, "너구리 굴 보고 피물 돈내어 쓴다."라고 했다. '피물(皮物)돈'이란 모피상에서 미리 받아 쓰는 돈을 뜻한다.

이러한 '성급한 기쁨'을 영어로는 **premature exultation**이라고 한다. 직역하면 '설익은 환희(歡喜)'의 뜻이다. 그리고 너구리 굴에 손을 잘못 집어넣어 물리기만 하고 놓쳐버리는 날에는 약값 쓰랴, 피물전 돈 이자 쳐주랴 불행이 겹친다.

▶ **Misfortunes seldom comes alone**.

▶ 불행은 혼자 오지 않는다.

불행이라는 것은 "설상가상(雪上加霜)"이라고 궂은 일은 겹치는 경우가 많다.

이 속담에 가장 실감나는 경우는 스포츠에서 흔히 겪게 된다. 역전승이 바로 그 경우인데 초반전에 고전을 겪더라도 포기하지 않고 분투하면 마지막에 가서 크게 웃을 수 있는 행운이 깃들기도 한다. 왕년의 복서 홍수환 선수의 실례가 생생하다.

You can lead a horse to the water, but you cannot make him drink it.

말을 물가로 데리고 갈 수는 있으나 말로 하여금 물을 마시게 할 수는 없다.

make라는 말에는 '강제로~ 시키다'라는 뜻이 있다. 말은 물 있는 곳까지 가자고 끌고가면 따라는 가나 먹기 싫은 물을 강제로 마시게 할 수는 없는 것이다. 돈의 힘으로 아가씨를 손에 넣으려는 점잖지 못한 재벌 2세에게 특히 들려주고 싶은 말.

특히 이 속담은 교육관계에 흔히 응용된다. 교사가 학생에게 베풀 수 있는 것은 교육의 기회뿐이며, 그 기회를 이용하느냐 여부는 학생에 달려 있다. 학생이 교사의 가르침을 진지하게 받아들이지 않는다면 교사의 인도는 허사가 되어 버린다.

그리고 선천적으로 책이라면 골머리를 앓는 학생에게 학교까지는 인도할 수 있으나 교육이라는 물을 억지로 마시게 할 수는 없다.

▶ **You can't make a silk purse out of a sow's ear.**

▶ 암퇘지 귀로 비단주머니를 만들 수는 없다.

이런 까닭에서 엘리트 교육의 필요성이 주장되고 있다.

그런가 하면,

▶ **Money makes the mare to go.**

▶ 금전은 〈움직이려 하지 않는〉 암말도 가게 한다.

라는 금전만능의 속담도 있다. "돈이 제갈량(諸渴亮)"이라는 우리 속담과 비슷하다. 염라대왕도 매수하면 된다는 썩은 치들의 사상, 이래서야 돈 없는 사람 죽을 수나 있나!

It is no use crying over spilt milk.

엎질러진 물을 주워 담을 수는 없다.

영문을 직역하면 "엎질러진 우유를 한탄하여 울어봐도 소용없다."이다. **no use**는 **of no use**의 생략이고 **useless**(소용없는)와 같은 의미. **It**은 **crying over**~(~에 관해서 우는 것)을 가르킨다. **spilt**는 **spill**(엎지르다)의 과거분사로서 '엎질러진'의 뜻.

한 번 저질러서 돌이킬 수 없는 일을 두고두고 한탄하고 후회한다는 것은 부질없는 일임을 비유한 속담이다. 우리 속담에서 "깨어진 그릇 맞추기"라는 것이 있다.

▶ **What is done cannot be undone.**

▶ 저질러진 일은 돌이킬 수 없다.

인간이라면 과거의 실수를,

▶ **"Why did I do it?"**

▶ 왜 그런 짓을 했을까?

라고 두고 두고 후회하게 마련이지만 과거의 실패를 검토 분석해서 다시는 그런 실수를 반복하지 않으려는 지혜를 익혀야지, 비탄에 젖어 기력을 잃는 것이 능사는 될 수 없는 것이다.

▶ **It's no use flogging a dead horse.**

▶ 죽은 말을 매질한들 소용없다.
* **flog** 매로 때리다.

"쏘아 놓은 화살이요, 엎지른 물이다." 이미 끝나버린 일에는 종지부를 찍어라.

▶ **Walk away from things that are over and past and cannot be helped. Forget them and move on.**

▶ 이미 끝나 버린 과거라 돌이킬 수 없는 일에서 떨어져 걸어가라. 잊고 전진하라.

한숨과 술로 세월을 보냄으로써 과거에 집착하고 스스로를 학대한다는 것은 어리석은 일이다.

▶ **Many people are, in fact, their worst enemy.**

▶ 사실상 대부분의 사람들은 스스로가 가장 처치곤란한 적인 것이다.

Life is a pilgrimage.

인생은 순례(巡禮)의 여정이다.

* **pilgrimage** [pɪlgrɪmɪdʒ] 순례.

pilgrimage는 '성지(聖地)를 향한 긴 여행'(**a long journey to a sacred place**)을 뜻한다. 그러나 일반적으로 무엇인가를 목적으로 한 긴 여행의 뜻으로도 쓰인다. '셰익스피어의 무덤을 참배하기 위한 여행'이라면 '**pilgrimage to the grave of Shakespeare**'라고 말한다.

이 격언에서는 인간의 일생을 긴 순례의 여행으로 비유하고 있다.

▶ **The world is a long journey.** ▶ 세상은 기나긴 여행길.

▶ **It is a great journey to life's end.** ▶ 삶의 끝에 이르는 긴 여행.

처럼 **pilgrimage** 대신에 **journey**를 쓰기도 한다.

한편 인생은 짧은 것으로도 표현된다.

▶ **Life is but a span.** ▶ 인생은 아차할 사이.

여기에서의 **span**은 엄지손가락으로부터 새끼손가락 사이의 거리를 뜻한다. 홍안소년(紅顔小年)으로 인생을 구가하던 것도 잠시, 어찌어찌 하다 보면 어느새 주름이 잡히고 백발이 성성하여 "수구문(水口門)차

명언

Poverty is very good in poems but very bad in the house.

- H.W. Beecher

▶ 가난은 시 속에서는 대단히 좋을지 모르나 집안에서는 대단히 나쁘다.

Henry Ward Beecher(1813~1887)는 미국의 목사이며 설교에 능한 사람이었다.

그의 이 말은 그 의미가 명백해서 설명이 필요없다. 버나드 쇼는 **Lack of money is the root of all evil.**(가난은 모든 악의 근원)이라고 갈파했다.

Beecher 목사님의 설교를 두 개 더 소개해 둔다. **Flowers are the sweetest things that God ever made and forgot to put a soul into.** (꽃이란 신이 만들고 영혼을 주입하기를 잊은 가장 아름다운 것이다.)

The cynic puts all human actions into two classes : openly bad and secretly bad.

(독설가는 인간의 행위를 두 종류로 나눈다. 공공연한 악과 은밀한 악으로.)

레"가 온다.

셰익스피어는 그의 희곡 '맥베스(**Macbeth**)'에서,

▶ **Out, out, brief candle!**

▶ **Life's but a walking shadow.**

라고 비관했다. 여기에서의 **but**은 **only**의 뜻이다.

▶ 꺼져라, 꺼져라, 짧막한 초야!

▶ 인생은 걸어다니는 그림자일 뿐이다.

A willing burden is no burden.

자진해서 지는 짐은 무겁지 않다.

willing은 '기꺼이, 자진해서'의 뜻이고, **burden**은 '짐', **no burden**이 되면 '짐이 안 된다 → 부담이 안 된다'의 의미.

인간의 심리란 이상한 것이어서 누가 시켜서 지는 짐은 별로 무겁지도 않은데 무겁게 느껴지며, 자진해서 특히 예쁜 아가씨의 짐이라도 들어주게 되면 무겁기는 고사하고 오히려 영광으로 생각할 정도이다. "자기의 **banggu**는 구리지 않다."는 심리와 상통.

비슷한 표현에,

▶ **A burden of one's own choice is not felt.**

라는 것도 있다.

▶ 스스로가 선택한 짐은 무겁게 느껴지지 않는다.

이 속담의 좀더 깊은 의미는 만사를 자발적인 정신에서 처리하라는 암시를 지니고 있다. 하고 싶어하는 일은 즐거우나, 억지로 하는 일은 힘이 더 들고 능률은 오르지 않는다.

Make haste slowly.

급하면 돌아서 가라.

영문을 직역하면, "천천히 서둘러라."의 뜻이다. **More haste, less speed.**(급할수록 느린 속도로.)라는 것도 있다.

같은 내용의 것으로,

▶ **Slow and steady wins the race.**

라는 것이 있다. **Aesop**의 이야기 중에 '토끼와 거북'에서 느리지만 착실한 거북이가 빠르지만 경솔한 토끼와의 경주(**race**)에서 승리했다는

▶ 천천히 그리고 착실한 것이 경주에 이긴다.

명언

Cure the disease and kill the patient.

- F. Bacon

▶ 병을 고치되 환자는 죽인다.

영국의 16~17세기의 석학 **Francis Bacon**(1561~1626)의 수필 중 한 구절이다. 그의 수필 중에는 지혜가 담뿍 담긴, 삶에 있어서 두고 두고 참고할 만한 명언이 많이 실려 있다. 위의 것도 그 중의 하나.

위 말은 반드시 의사에게 하는 말이라기보다는 사물의 순서나 크고 작음을 잘 분별해서 행하라는 뜻이다. 빈대를 소탕하기 위해서 아예 초가삼간에 불을 질러서야 목적은 달성할지 모르나 어리석은 일이다.

Bacon은 이 밖에도 **Age will not be defied.**(나이는 속일 수 없다. 무리 하지 마라.) 앞서 나온 **Riches are for spending.** 등의 명언을 남겼다.

* **defy** [difái] 반항하다, 견뎌내다.

이야기에 근거를 두고 있다.

유리피디스는,

▶ **Slow but sure moves the might of the gods.**

라고 말했다.

▶ 느리지만 확실한 것이 신들의 힘도 움직인다.

▶ **Haste make waste.**

▶ 성급하면 손해본다.

여기서 말꼬리를 늘여 다음처럼 말하기도 한다.

▶ **Hast makes waste, and waste makes want.**

▶ 성급하면 손해보고, 손해보면 가난해진다.

"돌다리도 두들겨 보고 건너라."라고 했다. 만사는 신중히, "식은 죽도 불어가며 먹어야" 혀를 데지 않는다.

한편 토끼의 입장에서 생각하면 '방심은 금물'이라는 것이 된다. 우리의 조상들은 "얕은 내도 깊게 건너라."라고 말씀하셨다. 여기에 해당하는 것이,

▶ **There's many a slip 'twixt the cup and the lip.**

▶ 컵과 입술 사이에도 미끄러질 공산이 많다.

'twixt는 **betwixt**(**between**의 옛 철자)의 생략형이다.

그래서 '절대(絶對)'라는 말은 성립될 수 없다고 한다. 찻잔을 들어 입에 가져가는 도중에는 어떤 사태가 발발할지 아무도 모른다. 암살자의 흉탄이 날아들지, 심장마비가 발작할지, 지진이 일어날지……. "설마가 사람 잡는다."

Every dog has his day.

개에게도 한 번쯤은 좋은 일이 있다.

his day라는 것은 '화려한 시절' '전성시대' 등의 의미를 내포한다.

즉 "쥐구멍에도 볕들 날"의 뜻.

여기에서의 개로써 비유했지만 물론 사람의 경우를 대신한 것으로 "사람에게는 누구에게나 한두 번은 운이

좋은 날이 있게 마련이다."라는 내용.

대추 열매처럼 쭈그렁 바가지가 된 할머니도 옛날에는 'Miss 코리아'으로서 뭇 총각들의 피를 끓게 했던 **glamor-girl**이었던 **her day**가 있었는지도 모른다. "내 배 부르니 평안감사가 족하(足下)같다."는 좋은 시절은 누구에게나 한평생 한두 번은 있는 법이다. "메뚜기도 오뉴월이 한철"이라고 사람 살 맛이 날 때가 더러는 있다.

그런가 하면 육군 대령 출신의 우동 장사, 정년 퇴직한 공무원 출신의 보험쟁이도 있다. …… 아 아, 꿈이여 다시 한 번!

영어에 **good old days** 라는 표현이 있다. '좋았던 옛 시절'의 뜻이다. 비록 고생스럽고, 서글픈 나날이었더라도 아득히 지내놓고 보면 그리워진다.

명언

Castles in the air cost a vast deal to keep up.

- E. Lytton

▶ 공중누각을 무너뜨리지 않기 위해서는 막대한 대가가 필요하다.

"폼페이 최후의 날"의 작가를 알고 있는 사람도 있겠지만 바로 **Edward George Bulwer-Lytton**이 그 사람이다.

여기에서 공중누각이란 하나의 소망이나 공상을 뜻하며 그러한 자기의 소망을 달성하기 위해서는 극심한 노력이 필요함을 비유하고 있다. **a vast deal**은 '막대한'의 뜻인 **idiom**. **keep up**은 '유지하다, 지속시키다.'

우리 나라도 마찬가지이지만 전국시대에는 서양에서도 성을 쌓았다. 스페인어의 **Castillia**는 성(城)의 뜻. 이것이 과자의 '카스텔라'가 되었다.

There is no place like home.

세상에 내 집과 같은 곳은 없다.

미국의 배우이자 극작가였던 존 하워드 패인(John Howard Payne)이 작곡한 오페라 중에 '홈 스위트 홈'으로 알려진 다음과 같은 구절이 있다.

▶ 'Mid pleasures and places though we may roam. Be it ever so humble, there's no place like home.

▶ 여러 가지 즐거움이나 궁전 사이를 서성거려 보아도, 비록 그것이 아무리 누추한들 내 집만한 곳이 있으랴.

'Mid는 amid의 생략형으로 '~의 복판'(=in the middle of, among), be it ever so는 '비록 아무리 ~라도' 뜻의 숙어.

자기가 태어난 고향, 자라난 옛집이란 궁궐에 살며 쾌락에 젖은 생활로서도 잊혀지게 할 수는 없다. 비오는 밤 남행열차(南行列車)의 먼 기적 소리만 듣고도 향수에 젖어 눈시울이 뜨거워지는 것은 기숙사의 여공의 약한 마음뿐이 아니라 구척장정 사나이의 애간장도 끓는다.

이미 기원전에 살았던 키케로(Cicero)도 이렇게 말했다.

▶ There is no place more delightful than home.

▶ 내 집보다 기쁨이 넘치는 곳은 없다.

"고기도 저 놀던 물이 좋고",

▶ East, west, home is best.

▶ 동이고 서고, 내 집이 제일이다.

타향살이를 해봐야 고향이 그리운 줄 알게 되고, 남의 나라에 가봐야 내 나라 고마움을 안다.

그러나 핵가족 시대로 접어든 현대에 와서는 가정의 단란이 자꾸 엷어지는 것 같다. 그러나 동서의 차이는 있을망정 인간에게도 귀소본능(歸巢本能)은 있는 것. 미국 잡지의 어느 수필 중에 다음과 같은 구절이 있었다.

▶ Home for Christmas! Three tingling words that say so much. There's no place on earth you'd rather be …… no one with whom you'd rather share the season.

▶ 크리스마스는 고향에서! 이 세 마디 설레이는 단어가 내포하는 의미가 크다. 이곳을 빼놓고 달려가고 싶은 곳은 이 세상에 없다. ……이 기간을 〈고향의 식구들 이외에〉 함께 지내고 싶은 사람도 없다.

Tomorrow is a new day.

내일은 내일의 해가 뜬다.

성서 중의 마태(**Matthew**)복음 중에서 유명한 그리스도의 '산상수훈'(**The Sermon on the Mount**)이라는 것이 있다. 그 중에 다음과 같은 구절이 있다.

▶ **Do not be anxious about tomorrow. Tomorrow will look after itself. Each day has trouble enough of its own.**

▶ 내일에 대해서 근심하지 마라. 내일은 내일 스스로가 돌볼 것이다. 나날은 각기 그 나름의 노고를 지니고 있는 것이다.

이것은 신역판(**Oxford,** 1961)에서 인용한 것으로 그 전의 성서에는 아주 어려운 내용으로 되어 있다. 참고삼아 인용해 보면,

Take therefore no thought for the morrow : for the morrow shall take thought for the things of itself. Sufficient unto the day is the evil thereof.

명언

Kissing doesn't last. Cookery does.

- George Meredith

▶ 키스는 오래 가지 않지만, 요리는 오래 지속된다.

예리한 심리 분석과 성격 해부로 독특한 작품을 쓴 영국의 소설가 메리디스(**Meredith**:1828~1909)의 정의이다.

즉, 아내로서 키스에 능하기보다는 삼시 세 때 요리에 능한 가정적인 여성이 오래 지속할 수 있다는 말이다. 걸핏하면 인스턴트 식품으로 식사를 때우려 하고, 외식이나 졸라대는 요즘의 여성들이 깊이 음미해야 할 말이다.

즉 오늘에 충실할 뿐 내일 일까지 걱정하지 말라는 내용이다. '바람과 함께 사라지다'(**Gone with the Wind**)에서 히로인 (**heroine**) 스칼렛 오하라(**Scarlett O'Hara**)는 남북전쟁의 어려운 시기를 젊은 여자의 몸으로 꿋꿋하게 살아나간다.

이윽고 평화가 찾아와 버틀러(**Butler**)와 결혼생활에 들어가나, 그녀의 꺾이지 않는 성격이 그때까지 혼자서 고난을 이겨온 것과는 달리, 미묘한 남녀간의 심리적인 갈등에 시달리고, 마침내 하나뿐인 자식마저 잃게 되고, 버틀러까지 그녀의 곁을 떠나게 된다. 심신에 크나큰 타격을 입은 그녀는 꺾여버릴 것 같았지만 다시 용기를 복돋우어 일어난다. 그때 그녀의 마음속에 떠오르는 말이,

Tomorrow is another day.

즉, '내일은 내일의 새로운 태양이 뜬다.'는 말이었다.

After a storm comes a calm.

폭풍우 뒤에 고요한 날이 온다.

배가 태풍권 내에 들어가면 얼마나 고통스러우랴! 그야말로 **at the mercy of the storm**(폭풍의 마음대로)농락당하게 된다. 그러나 폭풍우는 한없이 계속되는 것이 아니다. 최선을 다하고 이겨내면 오래지 않아 바람은 멈추고 잔잔한 거울 같은 바다로 돌아가게 마련이다.

이런 내용을 우리 조상님들은 "고생 끝에 낙이 온다."고 했고, 한문으로는 '고진감래'(苦盡甘來)라고 했다.

인생 항로도 이와 같다. 한평생 편하고 즐거운 날만 계속될 수는 없다. 파란과 시련을 당하는 역경에 처할 때 사람은 참고 견딜 줄 알아야 한다. 그럼으로써 한결 강인하고 굳센 의지의 소유자가 될 수 있는 것이다.

한편 '하찮은 일을 가지고 야단법석을 하는' 것을 **storm in a teacup**. 직역해서 '찻잔 속에서의 폭풍우'라고 한다.

When in Rome, do as the Romans do.

로마에 가거든 로마인들의 습관을 따르라.

When in Rome은 When you are in Rome이 준 꼴이다. 우리말로는 Rome를 '로마'라고 하나 옳은 발음은 [róum]이다.

이 속담은 '고장에 따라 풍습이나 습관이 다르니 그 고장에 가면 그곳 사람들의 풍습에 따르라'는 뜻이다. 우리 속담에서는 "성인(聖人)도 시속(時俗)을 따른다."는 것이 있다. 초점은 약간 다르지만 혼자만 도도하거나 유별나게 굴다가는 "모난 돌이 정 맞는다."는 꼴이 된다.

The reward of a thing well done, is to have done it.

\- Emerson

▶ 잘한 일의 보수는 그것을 했다는 바로 그것이다.

Emerson(1803~1882)은 미국의 사상가이자 시인이다.

우물에 빠진 아이를 구조한다는 것이 그 아이의 아버지가 백만장자여서 100만 원쯤은 사례로 받을 수 있다는 계산에서든지, service를 잘하는 것이 tip을 듬뿍 받기 위해서라면 한심한 일이다. 좋은 일을 한 후의 쾌감은 금전으로 따질 그런 성질의 것이 아니다.

그건 낡은 사상이다. 우물 속에 뛰어든다는 것은 그만큼 위험 부담을 수반한다. service를 해주고 tip을 바란다는 것은 당연한 일이다. 이렇게 주장하는 현대의 젊은이들에게는 이 명언도 빛을 잃을까 걱정이다.

요즈음에는 우리 젊은이들의 해외 진출이 눈부시다. 떠나기 전에 그곳 풍물과 관습을 익혀 두는 것은 임무를 성공적으로 완수하기 위해 중요한 요소이다. 아랍인들에게 술을 권했다가는 기름을 사오기는 틀린 일이니까.

While there is life, there is hope.

목숨이 붙어 있고서야 희망도 있다.

목숨(**life**)이란 하나밖에 없는 것이다. 모든 것을 잃어도 목숨을 부지할 수 있다면 언젠가는 복구할 가망은 있다.

그래서 우리 조상들도 다음과 같은 속담을 남겼다. "소여(小輿) 대여(大輿)에 죽어가는 것이 헌 옷 입고 볕에 앉아 있는 것만 못하다." …… 여기에서의 여(輿)라는 것은 상여(喪輿)를 뜻한다. 아무리 호화로운 상여에 호상을 이루더라도 헌 옷 입고 고생스럽게 사는 것만 못하다는 뜻이다. 비슷한 내용에 "죽은 정승이 산 개만 못하다.", "개똥밭에 굴러도 이승이 좋다."등 목숨의 절대성을 뜻하는 속담이 많다.

생명에 대한 보존은 동물의 본능(**instinct**)의 하나이다. 화재나 사고와 같은 긴박한 사태에 처하여 땅문서나 값진 물건에 집착하여 시기를 놓쳤다가는 목숨을 잃기 쉽다. 이럴 때는 재산이란 오히려 번거로운 것이 된다.

▶ **Little wealth, little care.**

▶ 재산이 적으면 걱정도 적다.

근심 걱정의 근원이 재산에 있다면 툭툭 손을 털고 일어나는 것이 오히려 개운할지도 모른다.

하여간 어떠한 불운이나 비참한 환경에 빠져도 목숨을 부지한 이상 희망은 남아 있다. 자살(**suicide**)을 생각해서는 밑천도 아무것도 남지 않는다. 그리고 자살이 성공하는 확률도 적다고 한다.

▶ **There are 4 out of 5 chances of failure.**

▶ 5개 중에 4개의 실패의 가능성이 있다.

자칫 자살에 실패했다가는 남의 웃음거리가 되고, 반신불수의 비참한 꼴로 여생을 보내게 될지도 모른다.

유명한 가수로, 인기배우로서 영광의 정상에서 결혼의 실패, 알코올 중독, 인기의 하락으로 들개와 같은 비참과 오욕의 나락으로 떨어져 자살을 꾀했던 왕년의 명배우 릴리언 로스(**Lillian Roth**)는 그녀의 회상기 **I'll Cry Tomorrow**('내일 울련다')에서 이렇게 말하고 있다.

▶ **"What happened to me in the past had strengthened me to look with hope to all the unknown tomorrow."**

▶ 이제까지 나에게 일어난 일이 나에게 힘을 주고, 모든 미지의 내일을 희망의 눈으로 바라보게 했다.

궁한 쥐가 고양이를 문다고도 했다.

▶ **Despair makes cowards courageous.**

▶ 절망은 겁많은 자를 용감하게 한다.

명언

If Winter comes, can Spring be far behind?

- P.B. Shelley

▶ 겨울이 오면, 봄도 멀지 않으리.

Byron, Keats와 더불어 19세기 영국의 낭만파 시인의 대표적인 **Percy Bysshe Shelly**의 "서풍에 부치는 노래"(**Ode to the West Wind**)에 나오는 유명한 구절이다.

겨울이 길고 지루한 우리 나라나 영국인들에게는 실감이 나는 시구이다.

그러나 여기에서는 꼭 봄을 기다리는 마음만을 노래한 것이 아니다. 고생스럽고 어려운 시절을 **winter**로 비유하고 희망을 이룩하는 좋은 시절을 **spring**으로 비유해서, 비록 당장은 험난한 환경에 처해 있더라도 희망을 가지라는 뜻이다. 한문 속담의 고진감래(苦盡甘來)에 해당한다. 고생스러움이 다하면 감미로운 시절이 온다.

Don't put new wine into old bottles.

새 포도주를 헌 병에 넣지 마라.

말할 것도 없이 "새 술은 새 부대에."에 해당하는 서양판 속담이다. 물론 새로 빚은 술을 헌 부대에 넣어 맛을 변하게 하는 것은 어리석은 일이겠으나, 이 속담에는 그 이상의 비유가 담겨 있다. 즉, 새로운 사상을 받아들이기 위해서는 새로운 정신과 혁신된 사고방식이 필요하다는 의

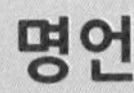

명언

Time is the great physician.

- Benjamin Disraeli

▶ 시간이란 위대한 의사이다.

B. Disraeli(1804~1881)는 두 번이나 영국의 수상이 된 정치가로서 자신만만한 사나이었던 모양. 그가 처음으로 의회에 나갔을 때, **Though I sit down now, the time will come when you will hear me.** (나는 지금은 앉아 있지만, 당신들이 내 말을 들을 때가 반드시 올 것이다.)라고 말했다고 한다.

하여간 그의 이 말은 진리이다. 배반한 친구, 시집간 애인, 어머니의 죽음 등 세상을 살아나가노라면 도저히 견딜 수 없는 마음 아픈 일이 일어나지만, 하루가 가고 한 해가 흐르면 어느덧 시간이라는 위대한 의사는 그 마음의 상처를 아물게 해준다.

망각(忘却)이란 고마운 습성이다. 지난번의 성적표 석차를 망각하지 않는 한.

미이다. 수용 태세가 정비되어 있지 않으면 헌 부대는 찢어져서 새 것은 새어나가 버리고 만다.

술이라는 것은 인간에게 커다란 영향을 끼치는 물질이라 그런지 술에 관한 속담이 많다. 뒤의 '건강'편에도 나오지만,

▶ **Good wine makes good blood.**

▶ 좋은 술은 좋은 혈액을 만든다.

즉, 깡소주와 같은 질이 좋지 않은 알코올은 몸에 해롭지만 100년을 오크(**oak**) 나무통 속에서 묵은 '나폴레옹 코냑' 같은 고급술은 "액체의 보석"으로서 몸에도 좋거니와 그 값이 엄청나다.

서양의 명문(名門) 집안에는 지하실에 술창고가 있다. 일단 담근 술은 당대에서 마시는 것이 아니고 손자나 증손자 시대에 가서 개봉된다. 마당에 묻은 귀한 술을 한 해를 못 넘기고 퍼 마시는 우리의 실정과는 다르다.

▶ **Life is not all beer and skittles.**

▶ 삶은 맥주나 놀이가 전부는 아니다.

이것은,

▶ **Life is not all fun and games.**

▶ 삶은 재미와 놀이가 전부는 아니다.

의 변종인데, **beer**(맥주)는 여기에서 모든 술을 대신하고 있다. **skittles**는 구주희(九柱戱)라고 해서 볼링과 비슷한 놀이. 풀이가 필요없겠지만 쾌락에만 젖지 말고 일할 때는 열심히 일하고, 진지하게 생각할 문제는 심각하게 대처하라는 뜻이다.

▶ **When wine (or ale) is in, wit is out.**

▶ 술이 들어가면 지혜는 떠난다.

보통때는 근엄한 학자님도 술에 취하고 나면 횡설수설 그 처신이 말이 아니다. 여기에서의 **wine**은 포도주와 같은 과실주를 뜻하면, **ale**는 맥주나 위스키와 같은 곡물이 원료가 되는 술을 뜻한다.

▶ **Good wine needs no bush.**

▶ 좋은 술에는 간판이 필요없다.

bush는 포도넝쿨을 뜻한다. 옛날에는 술집 간판에 포도넝쿨을 그려 넣었던 데 기인한다. 술맛이 좋은 술집에는 선전이 필요없이 술맛을 아는 술꾼이 모여들게 된다는 것이다. 옛날 우리 나라에서도 밀조주(密造酒)가 성행하던 시절에는 쉬쉬 하는데도 어떻게 알고 모여드는지 장안의 술꾼들이 모여들어 하얀 찹쌀알이 둥둥 뜨는 호박색 진국을 마셔댔

었다. 물론 이 속담도 그 이면에는 고매한 인격이나 좋은 물건은 은연중에 알려지게 마련이라는 비유를 담고 있다.

The nearer the church, the further from God.

교회에 가까워지면 가까워질수록 하나님으로부터 멀어진다.

하기야 신앙심이라는 것은 교회와의 거리에 반비례하는 경우도 있다. 책을 읽으면 읽을수록 무능한 사람이 되는 사나이, 여성 심리를 연구하면 할수록 여성에게 속아 넘어가는 사나이, 돈을 벌면 벌수록 인색해지는 구두쇠……. 이 속담이 암시하는 부류의 인간들이 많다.

이야기가 좀 옆길로 샜지만 창경궁 가까이 사는 사람에게 몇 번이나 창경궁에 가 보았느냐고 물어보니 한 번도 가본 일이 없다는 대답이었다.

이런 경우 **The nearer Changgyonggung, the less we visit it.** 과 같은 응용문을 만들 수 있겠다.

"대장장이 집에 식칼이 논다."고 했다. 여기에서 '논다'는 '드물고 귀하다'는 뜻이다.

그리고 하느님은 편리한 것이어서 다음과 같은 속담도 있다.

▶ **The danger is past, and God is forgotten.**

그러나 역시 하느님은 이 못된 인간들을 사랑하신다.

우리 조상은 "급해야 관세음보살을 왼다."고 했다.

▶ 위기가 지나가면 하느님은 잊혀진다.

인생 각국의 속담

▶ **Those who have not tasted the bitterest of life's bitters can never appreciate the sweetest of life's sweets.** – *China*

삶의 고난의 가장 쓴 맛을 보지 않은 자는 삶의 환희의 가장 감미로운 맛을 모른다.

▶ **Life is half spent before we know what it is.** – *Ireland*

인생이란 우리가 그것을 알기 전에 반이 소요된다.

▶ **The first half of life is spent in longing for the second. The second in regretting the first.** – *France*

삶의 전반은 후반을 희구하는 데 쓰이고, 그 후반은 전반을 후회하는 데 보내진다.

▶ **Life is a quarantine for Paradise.** – *Arabia*

인생이란 천국으로 가는 검역 기간이다.

▶ **Hope without exertion is like a voyage without a ship.** – *Wales*

노력 없는 희망이란 배 없는 항해와 같다.

▶ **Even the fortune-teller does not know his own destiny.** – *Japan*

점쟁이조차 자기의 운명을 모른다.

▶ **It is better to live small than to die big.** – *Italy*

작게 사는 것이 크게 죽는 것보다 낫다.

▶ **Life is a light in the wind.** – *Japan*

삶이란 바람 속에 등불이다.

▶ **Do good and don't look back.** – *Denmark*

선(善)을 행하되 뒤돌아보지 말라.

▶ **Sleep is the greatest thief, for it steals half one's life.** – *Germany*

수면이란 가장 큰 도둑이다. 왜냐하면 삶의 절반을 앗아간다.

121 물에 빠진 자는 지푸라기라도 잡는다.

122 일단 거지가 되면 언제나 거지.

123 기다리는 자에게는 때가 온다.

124 마지막에 웃는 자가 가장 잘 웃는다.

125 불행은 혼자 오지 않는다.

126 엎질러진 물을 주워 담을 수는 없다.

127 인생은 순례의 여정이다.

128 자진해서 지는 짐은 무겁지 않다.

129 급하면 돌아서 가라.

130 개에게도 한 번쯤은 좋은 일이 있다

Key Word

121 drowning, straw.
122 once, always.
123 wait.
124 laughs.
125 misfortunes.
126 over spilt milk.
127 pilgrimage.
128 burden, no burden.
129 haste.
130 dog.

Answer

121 A drowning man will catch at a straw.
122 Once a beggar, always a beggar.
123 Everything comes to those who wait.
124 He laughs best who laughs last.
125 Misfortunes seldom comes alone.
126 It is no use crying over spilt milk.
127 Life is a pilgrimage.
128 A willing burden is no burden.
129 Make haste slowly.
130 Every dog has his day.

131 오래 머물러서 환대를 싫증으로 변하게 하지 마라.

132 스스로의 둥우리를 더럽히는 새는 어리석다.

133 잠들어 있는 개를 깨우지 마라.

134 농담 속에 진실이 많다.

135 보지 않으려 하는 자만큼 지독한 장님은 없다.

136 스스로 설교하는 바를 실행하라.

137 백성의 소리는 신의 소리이다.

138 경주에 참가한 자라야 영광도 얻을 수 있다.

139 행하기보다는 말하기가 쉽다.

140 얕은 물이 요란한 소리를 낸다.

Key Word

131 like home.
132 tomorrow, new day.
133 storm, clam.
134 when in Rome.
135 life, hope.
136 old bottles.
137 church, further.
138 danger, forgotten.
139 look back.
140 live small, die big.

Answer

131 There is no place like home.
132 Tomorrow is a new day.
133 After a storm comes a clam.
134 When in Rome, do as the Romans do.
135 While there is life, there is hope.
136 Don't put new wine into old bottles.
137 The nearer the church, the further from God.
138 The danger is past and God is forgotten.
139 Do good and don't look back.
140 It is better to live small than to die big.

08 **금전**에 관한 속담

Money makes the mare to go.

돈은 당나귀도 가게 한다.

mare는 '암말', 의역하자면 고집센 당나귀 암놈도 돈의 힘으로 가게 할 수 있다는 뜻이다.

여기에서 **horse** 대신에 **mare**를 쓴 것은 속담에 특유한 음률을 맞추기 위해서 **money, makes, mare**라고 **m**자를 겹쳐 사용했기 때문이다.

황금만능의 사상은 동서고금을 막론하고 뿌리 깊은 것으로서 우리 속담에도, "돈만 있으면 귀신도 부린다(有戰 使鬼神).", "돈이라면 뱃속의 아이도 나온다.", "돈이 없으면 적막강산(寂寞江山)이요, 돈이 있으면 금수강산(錦繡江山)이라." 등 돈의 위력을 말하는 속담이 흔하다.

Penny-wise and pound-foolish.

잔돈에는 현명하고, 큰돈에는 어리석다.

penny는 화폐의 작은 단위이고, **pound**는 큰 단위. 이 속담에는 '잔돈을 쓸 때 신중을 기하지만 오히려 큰 손해를 보는 경우'를 경고하고 있다. 쉽게 말해서, "싼 것이 비지떡."이어서 "물건을 모르거든 금 보고 사라."는 우리 속담에 해당한다. 영어에서도 이와 연관되는 속담은 많다.

▶ At a good bargain think twice. — ▶ 싼 거래는 두 번 생각하라.

▶ A good bargain is a pick-pocket. — ▶ 싸구려는 소매치기와 같다.

연중 50% 할인이라는 간판이 나붙고, 바겐 세일이라는 선전에 끌려 횡재라도 한 기분으로 사들인 물건치고 대개는 조악한 상품이다.

미국에는 "**bargain poor**"라는 신어(新語)가 있다. 바겐 세일만 쫓아 다니며 사들인 물건이 모두가 사흘을 못 넘기는 싸구려 상품이라 끝내는 '바겐 거지'가 된다는 배경을 지닌 말이다. 바겐 세일에 미치다 보면 별로 소용이 없는 물건까지 사들이는 낭비까지 하게 되는데, 어느 **bargain hunting**의 베테랑급 주부는 이런 말을 하기도 한다.

▶ **"I really don't know why I bought this. But it was so cheap."**

▶ 내가 정말 왜 이것을 샀는지 몰라. 그러나 무척 쌌었어.

명언

Everyone lives by selling something.

– R.L. Stevenson

▶ 사람은 누구나 무엇인가를 팔며 산다.

Robert Louis Stevenson(1850~1894)은 **Scotland** 태생의 소설가로서 '보물섬', '지킬 박사와 하워드씨' 등을 쓴 여러분과 친숙한 작가이다.

한평생 폐병으로 고생했던 이 소설가는 먹고 살기 위해서라도 소설 원고를 팔아야 했는데 그러한 경험이 이 말의 밑바닥에 흐르고 있다.

그러나 소설이면 괜찮은 편이다. 피를 병원에 팔고 산다는 것은 문어가 제 다리를 뜯어먹는 것처럼 비참하다.

미국의 '유머' 작가 **Carolyn Wells**는 **Dead men sell no tales**.라고 말했다. **Dead men tell no tales**. (죽은 자는 말을 못한다.)를 차용한 말. 그러나 호랑이는 죽어서 가죽이라도 남기는데 당신은?

Thrift is a great revenue.

절약이 최대의 수입이다.

Thrift[θríft](절약)는 현대 용어로는 **economy**라고 하고, **revenue** [révənjú](수입)보다는 **income**이 현대감각이 있는 어휘이다. 그러나 속담일수록 고색이 창연한 옛말이 격에 어울린다.

▶ **Thrift is itself a good income.**

▶ 절약 그 자체가 수입이다.

당대의 거부가 된 사람치고 근면과 절약의 화신이 아닌 사람이 없다. 우리 옛이야기에는 부식비를 아끼기 위해서 천장에 굴비를 매달아 놓고 밥 한 숟가락에 두 번도 아니고 꼭 한 번씩만 매달린 굴비를 쳐다보게 한 구두쇠도 있다.

아무리 수입이 좋더라도 낭비가 심하면 "밑빠진 독"이다. 그래서 "굳은 땅에 물이 괸다."고 했다.

물론 생활을 윤택하게 하고 삶을 즐기기 위해서는 지출이 수반되어야 한다. 그러나 **TV**의 광고에 자극을 받고, 색다른 상품에 구매욕을 불태우고, 빚을 지더라도 동해안 해수욕을 빼놓을 수 없대서야 남은 것은 피로와 적자와 한숨뿐이다. 무리하게 수입의 증대(?)를 꾀하기 위해서 공금에 손을 대기보다는 무의미한, 필수적인 것도 아닌 지출을 억제하면 그만큼 수입이 늘어나는 것이나 마찬가지이므로 마음 편한 생활을 영위할 수 있다.

▶ **Waste not, want not.**

▶ 낭비를 하지 않으면 부족을 느끼지 않는다.

그러나 만사에는 역시 중용이 중요하다.

▶ **An economical wife will do without everything you need.**

▶ 알뜰 주부는 당신이 필요한 모든 것 없이 산다.

이래서는 식구들의 원성이 자자해진다. 절약에도 연구가 필요하다.

▶ **He'll spare no expense to save a penny.**

▶ 그는 동전 한 닢을 절약하기 위해 비용을 아끼지 않는다.

이래서는 주객이 전도되고 만다. 1000원을 아끼기 위해서 먼 시장까지 2000원의 차비를 들여서야…….

Borrowing makes sorrowing.

빚은 슬픔의 근원.

Borrowing 과 sorrowing의 음률이 재미있다. 내용은 글자 그대로 빚을 지면 슬픈 신세가 된다는 뜻이다. 아무리 쪼들리는 일이 있더라도 빚진 죄인의 신세가 되지 말라는 부탁이다.

특히 친구지간의 빚은 의리가 상하기 쉬워서 기한이 지나고 보면 베니스 상인의 샤일록(Shylock)과 안토니오(Antonio)의 관계가 된다.

명언

I am sure the grapes are sour.

- Aesop

▶ 저 포도는 틀림없이 실 거다.

여우 한 마리가 먹음직스럽게 익은 포도 한 송이를 발견했다. 여우는 펄쩍 뛰어올라 포도 송이를 따내려 했지만 입이 포도에까지 미치지 않는다. 필사적으로 도약해 봤지만 허사였다. 포기해야 했다. 그때 여우가 한 말이다. "못 먹는 감 찔러보기라도 한다."는 심리. 여기에서 sour grapes(신 포도)는 '깎아내리는 행위'를 뜻하게 되었다.

유명한 Aesop's fables를 쓴 Aesop이라는 사람은 기원전 6세기경 그리스에 살았던 노예였다고 한다. 만년에 자유의 몸이 되었지만 그의 고달픈 인생 경험을 토대삼아 동물을 주제로 한 교훈적인 fables(우화)를 썼다. 그의 이야기 중에서 여우는 교활한 배우로서 무수히 등장한다.

구멍가게마다 외상을 지고 사는 부인과 살아봤자 쥐구멍에 햇빛들 날은 없을 테고, 빚에 쪼들려 부도수표라도 남발했다가는 끝내는 철창행을 면치 못한다.

그런가 하면 은행빚을 많이 질 줄 알아야 큰 사업가가 된다는 통뻐들도 있다. 과연 오래 갈지가 의문이지만…….

"외상이면 소도 잡아먹는" 다부진(?) 기백의 소유자치고 처자식 편안히 거느리는 가장은 없다. 스스로 누구에게 빚지는 일도 비극의 씨앗이 되지만 남의 빚에 보증 서주는 일도 위험천만이다. 그래서 우리 조상들은 "빚 보증하는 자식 낳지도 말라."라고 했다. 그러나 의리상 피치못해 빚보증을 서고 밤잠을 설치는 사람을 위해서 보증보험(保證保險)이라는 신종 보험도 생겼다. 이 보험에 들어 놓으면 만약의 경우 보증선 금액을 보험 회사에서 갚아주는 모양이다.

영어에서는 "대추나무에 연 걸리듯" 빚을 많이 져서 꼼짝도 못하는 상태를 **over head and ears with debt**라고 표현한다. 직역하면 '빚이 머리와 귀까지 넘어간'이 된다.

하여간 "빚진 죄인"이라고, 빚에 파묻히고 보면 기가 죽게 마련이다. 처량한 신세가 되기 전에 독하게 마음먹고 현실을 타개해 나가야겠다.

Take care of (or Look after) the pence, and the pounds will take care of (or look after) themselves.

작은 돈을 돌보면 큰돈은 저절로 괸다.

Penny-wise and pound-foolish.에서처럼 **pence**(=**penny**)는 '작은 액수의 돈, 푼돈'을 상징하고, **pound**는 '큰돈'을 의미한다. 즉, 푼돈이라고 하찮게 낭비했다가는 목돈을 만들 수 없다는 말이다. 드럼통에 동전이 들어갈 만큼의 구멍을 뚫고, 생기는 동전마다 그 속에 집어넣어 드럼통이 가득 찰 때까지 지속한 사람이 있다.

이 속담에서의 **take care of**나 **look after**는 '돌보다'의 뜻인 이디

엄. 비슷한 것에,

▶ **Fast bind, fast find.**

▶ 단단히 매두면 잃을 일이 없다.
* **fast** 빠른, 단단히 고정된.

fast는 '단단하게', **find**는 여기에서는 **furnish**(조달하다)의 뜻이다. 즉, "굳은 땅에 물이 괸다."는 말도 있듯이 재산 관리를 단단히 하면 유사시에 신속히 자금을 조달할 수가 있는 것이다.

한편, 다음과 같은 저축의 필요성을 말해주는 속담도 있다.

▶ **A penny saved is a penny gained.**

▶ 저축한 한 푼은 한 푼의 소득이다.

A fool and his money are soon parted.

바보와 그의 돈은 쉽게 헤어진다.

16세기경에 생겨난 속담인데 사람됨이 바보스러우면 아무리 큰 재산을 물려줘도 쉽게 탕진하거나, 영리한 자에게 사기 당한다.

반대로 돈을 모으려면 근면도 해야겠거니와 영리하고 피도 눈물도 없는 샤일록형의 인간이어야 가능한가 보다. 그래서 "부자 하나면 세 동네가 망한다."고 했다. 즉, 부자 하나가 탄생하는 과정에서 여러 바보들의 희생이 따르는 것이다.

Money begets money.

돈이 돈을 낳는다.

은행 융자를 써 보라. 밤잠을 자지 않고 돈이 새끼를 친다. 돈이 돈을 낳는 것이다. 이 속담은 약간 방향을 바꾸어 돈이 모이기 시작하면 무섭게 벌린다는 뜻으로도 쓰인다. 셰익스피어는 '비너스와 아도니스'에서,

▶ **Gold that's put to use begets more gold.**

▶ 돈은 활용 여하에 따라 돈을 낳는다.
* **put to use** 사용하다, 이용하다.

라고 말했다. 영국의 경제학자 아담 스미스(Adam smith)도 역시, **Money makes money.**라는 신조를 피력하고 있다. 그런가 하면,

▶ **Money is the sinews of war.**

▶ 돈은 전력(戰力)이다.

라는 속담도 있다. **sinews**는 '근육'(筋肉)의 뜻, 옛 사람들도 전쟁에는 경제적인 뒷받침이 절대적임을 알고 있었던 모양이다.

베이컨(Bacon) 역시 다음과 같은 말을 하고 있다.

▶ **Laws are the sinews of peace, money of war.**

▶ 법은 평화의 원동력이고, 돈은 전쟁의 뒷받침이다.

18세기의 격언집에는 사랑까지 곁들여,

▶ **Money is the sinew of love as well as war.**

▶ 금전은 전쟁은 물론 사랑의 뒷받침이다.

위대할진저 돈의 힘이여!

The love of money is the root of all evil.

금전을 사랑함은 모든 악의 근원이다.

신약성서 '데모데 전서'에서 유래한 속담이다. 고대 그리스의 철학자 디오게네스(Diogenes)도,

▶ **The love of money is the mother-city of all evils.**

▶ 금전에 대한 애착은 모든 악의 근본이다.

* mother-city 모도시(母都市).

라고 했다. 그런가 하면 마크 트웨인(Mark Twain)이나 버나드 쇼(Bernard Shaw) 등은 다음처럼 역설적인 말을 하기도 했다.

▶ **Poverty is the root of all evils.**

▶ 빈곤은 모든 악의 뿌리이다.

극히 일리가 있는 말이다. 그런가 하면 영국의 풍자소설가 사뮤엘 버틀러(Samuel Butler) 같은 사람은 금전과 빈곤을 동시에 악의 근원으로 본다.

▶ **It has been said that the love of money is the root of all evils. The lack of money is even more so.**

▶ 금전에 대한 애착이 모든 악의 근원이라고 하나, 돈이 없다는 것이 정말로 더 그러하다.

"사흘 굶어 군자(君子)없다."고 했다. 과욕으로 죄를 저지르는 자보다도 빈곤이 범죄와 연결되는 경우가 허다한 것 같다.

금전 각국의 속담

▶ **Getting money is like digging with a needle, spending it like water soaking into sand.** - *Japan*

돈을 모은다는 것은 바늘로 땅을 파는 것과 같고, 그것을 쓰는 것은 모래 속에 빨려드는 물과 같다.

▶ **The money-maker is never weary. The weary man never makes money.** – *China*

돈 버는 자는 피로를 모르며, 피로한 자는 돈을 벌지 못한다.

▶ **There is no better messenger than money.** – *Israel*

돈보다 나은 심부름꾼은 없다.

▶ **Any fool may make money, but it takes a wise man to keep it.** – *the United States of America*

어떤 어리석은 자도 돈을 벌 수 있으나, 그것을 유지하는 것은 현자만이 할 수 있다.

▶ **Money is like an eel in the hand.** – *Wales*

금전이란 손 안에 있는 뱀장어와도 같다.

▶ **Nothing is more eloquent than ready money.** – *France*

현금처럼 설득력 있는 것은 없다.

▶ **A merchant without money is a peasant without a field.** – *Switzerland*

돈 없는 상인이란 땅 없는 농부이다.

▶ **When I had money everybody called me brother.** – *Poland*

내가 돈이 있었을 적에는 모두가 나를 형제라고 불렀다.

▶ **The very rich cannot remain very rich for more than three generations.** – *Japan*

(갑부(甲富)는 삼대(三大)를 유지하지 못한다.

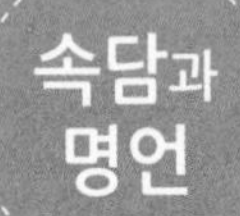

Proverbs & Wise Sayings

09 건강에 관한 속담

An early bird catches the worm.

일찍 일어나는 새가 벌레를 잡는다.

햇살이 퍼지기가 무섭게 둥지를 나와 열심히 날아다니는 새가 먹이인 벌레를 한 마리라도 더 잡아먹는다. 여기에서 **early bird**란 '일찍 일어나는 새'의 뜻.

그러나 현대 생활은 밤늦게까지 술도 마셔야 하고, **TV**의 명화(?)도 보아야 하고……. 그 결과 한 시간이라도 더 늦잠을 자야만 기동할 수 있는 습관을 강요하고 있다. 하지만 조금 더 생각해 보자.

통근자(**commuter**)들의 최대의 고역은 아침 저녁 러시 아워(**rush hour**)의 혼잡이다. 너도 나도 아침 잠에 취한 나머지 출근 시간 빠듯이 집중 쇄도하기 때문이다. 예정 시간보다 2~30분만 일찍 집을 나서도 차 속에 편히 앉아 조간 신문이나 서적을 벗삼으며 유유히 출근할 수가 있다. 바쁜 생활에서 매일 아침 짧은 시간이나마 활자를 접할 수 있다는 것은 현명(**wise**)을 가져다 준다. 그리고 이른 아침의 맑은 공기의 상쾌함!

▶ **For the disturbed mind, the still beauty of the dawn is nature's finest balm.**

▶ 어지러운 마음에 새벽의 고요한 아름다움은 최상의 진통제이다.
* **balm** 방향제, 진통제.

현대인의 불안한 심리를 이른 아침의 고요가 말끔히 가셔 주는 것이다. 그러나 일찍 일어나기 위해서는 일찍 자는 것이 전제 조건이 된다.

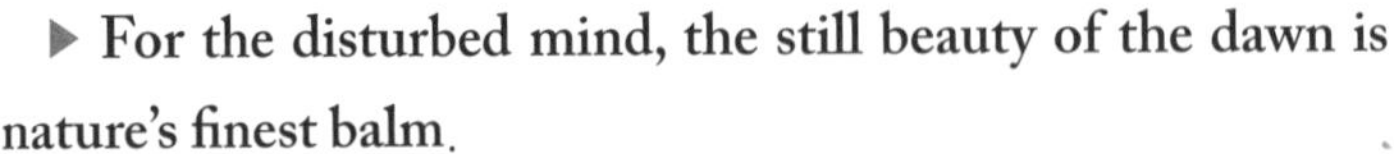

▶ **An hour's sleep before midnight is worth three after.**

▶ 12시 이전 1시간의 잠은 12시 이후 3시간의 값어치가 있다.

"일찍 일어나는 새가 벌레를 잡아먹는다."가 서양의 속담이라면, "거지도 부지런하면 더운 밥을 얻어 먹는다."는 우리의 속담이다. 더구나 일찍 자고 일찍 일어나는 사람(**early riser**)에게는 경제적인 이득 외에 건강과 지혜가 따른다.

Benjamin Franklin은 그가 엮은 달력에 이렇게 쓰고 있다.

▶ **Early to bed and early to rise makes a man healthy, wealthy, and wise.**

▶ 일찍 자고 일찍 일어나는 것은 사람을 건강하게 부유하게 그리고 현명하게 한다.

남보다 한두 시간 일찍 일어난다는 사실은 공해가 없는 맑은 공기와, 발 한 평이라도 더 가는 시간과, 조간신문이라도 읽을 여유를 준다.

'일찍 자고 일찍 일어나는 습관'을 **early habits**라고 한다.

명언

By right means, if you can, but by any means make money.

\- Horace

▶ 할 수 있다면 올바른 수단으로, 그렇지 못하면 수단 방법을 가리지 말고 돈을 벌어라.

아주 먼 옛날의 시인인 **Horace**(65~8 **B.C**)가 이토록 현실적인 말을 토했다니 놀라운 일이다. 아마도 이 시인, 무척이나 궁핍하게 사셨던 모양이다. 물론 금전으로 살 수 없는 사랑이나 건강과 같은 고귀한 것도 있다.

그러나 사흘 굶어 도둑질 안 하는 자 없다고 돈이 없으면 꼼짝도 못하는 것이 현실임을 어찌하랴! "가난 구제는 나라도 못한다."고 했다.

그런데 아무래도 **by any means**(어떤 수단에 의해서든)가 마음에 걸린다. 소매치기, 뇌물, 살인, 강도……가 포함되기 때문이다. 동양의 선현은 "도둑질 말고는 어떻게 하든지…."라고 말씀하셨다. 서양의 선현보다는 한 차원 착하시다.

그리고 '일찍 일어나는 부지런한 사람'을 **an early bird**라고 하는 것은 이 속담에 기인하며, 반대로 '잠꾸러기'는 **sleepyhead**라고 한다.

Eat in measure and defy the doctor.

알맞게 먹으면 의사가 필요없다.

Measure는 '한도, 일정한 양', **defy**는 '무시하다'로서 직역하면, "정해진 양을 먹고 의사를 무시하라."는 명령형이 된다. 위(胃)에 부담을 준다는 것은 소화기 계통의 고질병의 원인이 됨을 옛사람들도 잘 알고 있었던 모양이다. 그러기에 '미운 자식에게는 떡 하나' 더 주었나 보다.

여기에도 **Benjamin Franklin**의 말을 인용하지만 그는 이렇게 말했다.

▶ **I see more people die from eating than from starvation.**

▶ 나는 굶어 죽는 사람보다 먹고 죽는 사람을 더 많이 보았다.

문명 국가일수록 기름진 음식을 많이 섭취하고 운동이 부족한 편안한 생활을 하기에 비만증에 걸리고 혈압이다, 위장병이다 해서 저승길을 재촉한다.

▶ **Eat to live, and do not live to eat.**

▶ 살기 위해서 먹되, 먹기 위해서 살아서는 안 된다.

라고 하지만 신문이나 **TV**를 통해서 새로운 햄이나 스낵이 시판된다는 소식을 접하면 사먹고 싶어지고, 특이한 음식이라면 구석구석 찾아다니며 먹기 위해 살아가는 미식가(美食家)도 있다.

diet라고 불리는 절식법은 이제 비만증에 걸린 사람들의 필수 조건이 되었지만 **diet**가 필요한 사람일수록 음식에 대한 욕구가 강하다.

의사에게 **diet**의 필요성을 명령받은 뚱뚱한 환자를 방문했더니 큼직한 애플 파이(**apple pie**)를 꾸역꾸역 먹고 있는 중이 아닌가! 놀란 친구가 이렇게 말했다.

▶ "I thought you were on a diet!"

▶ "I am. But I've had my diet, and now I'm having my dinner."

이래서는 **diet**를 하기 전보다 더 먹게 된다.

▶ 식이요법 중인 줄 알았는데!

▶ 그래, 그러나 다이어트 식사는 이미 끝냈고, 지금 저녁을 먹고 있는 중일세.

명언

What's in a name? That which we call a rose, by any other name would smell as sweet.

- Shakespeare

▶ 명칭은 무엇이든 어떠랴? 장미라고 부르는 꽃은 다른 어떤 명칭으로 불러도 향기는 다르지 않을 것이다.

Romeo and Juliet에 나오는 유명한 말. **Romeo**의 **Montagu**가와 **Juliet**의 **Capulet**가는 앙숙진 사이. 그러기에 이 두 젊은이의 사랑에는 시련이 닥친다. 그러나 두 사람은 '가문이 뭐냐, 성이 어떻단 말인가, 아름답기만 하면, 애정이 진실이라면…….' 이라고 생각할 뿐이다.

장미를 연인으로 비유한 것에는 **Burns**의 **My Love's like a red, red rose**. (내 애인은 붉은, 붉은 장미와 같다.) 등이 있다.

장미와 가시를 연관지은 것에는 **Every rose has its thorn**. (모든 장미에는 가시가 있다.)미인을 경계하라는 뜻이다.

Good wine makes good blood.

좋은 술은 몸에 좋다.

직역하면 '좋은 포도주는 좋은 피를 만든다.'이다. 그러나 **wine**이라고 반드시 '포도주'에 한정되지 않고 주류(**liquor**)의 통칭으로 쓰이기도 한다.

포도주는 그 색깔도 붉지만 그리스도(**Christ**)의 피(**blood**)로 비유되어 교회의 의식에서 쓰인다. 이 관습은 성서의 마태(**Matthew**)복음에 유래한다. **Jesus**(예수)가 제자들과 더불어 최후의 만찬에 임했을 적에 빵을 찢어,

▶ **Take this and eat. This is my body.**

▶ 이것을 취하여 먹어라. 이것은 나의 육신이니라.

라고 말하고, 다음에 포도주 잔을 들고,

▶ **Drink from it, all of you. This is my blood.**

▶ 모두 이 잔을 마셔라. 이것은 나의 피이니라.

라고 말했다.

그토록 성스러운 술이니만큼 적당히 마시면 생명과 건강의 원천이 될 수도 있다. 그래서 우리의 선조들도 적당한 양의 술은 약이 된다고 해서 약주(藥酒)라는 명칭을 붙였다. "적게 먹으면 약주요, 많이 먹으면 망주(亡酒)라."라는 속담도 여기에 기인한다.

그러나 술이 들어가기 시작하면 술이 술을 불러들이는 것. 건강상으로나 금전상으로, 심지어 가정 불화나 사회문제까지 꼬리를 문다. "수풀엣 꿩은 개가 내몰고 오장(伍臟)의 말은 술이 내몬다."고 해서 말이 헤퍼지고 쓸데없는 시비로까지 번진다. 그래서 진정한 사람됨을 파악하기 위해서는 더불어 술을 마셔보면 안다고 한다. "외모는 거울로 보고, 마음은 술로 본다."로 옛사람들의 옛말은 버릴 것이 없다. 서양 사람들은 **In wine is truth**. (술 속에 진실이 있다.)라고 했다. 본심을 털어놓기 때문이다.

Health is better than wealth.

건강은 부보다 낫다.

▶ **Health is wealth.** 라고도 한다. 앞머리의 **h**와 **w**만 다를 뿐 철자도 – **ealth**로 공통점을 지니고 있다. 벼락 부자가 되어서,

▶ 건강은 부이다.

▶ **Money is everything. Money rules the world.** 라고 호언장담하며 주지육림(酒池肉林)의 호화로운 술판에 빠져 건강을 해치고 나서야 건강이 부보다 고귀함을 깨달으면 이미 때는 늦다.

▶ 돈이 전부이다. 금전이 세계를 지배한다.

명언

Plato is dear to me, but dearer still is truth.

- Aristotle

▶ '프라토'는 나에게는 소중한 사람이나 더욱 소중한 것은 진리이다.

Greece의 철학자 **Aristotle**(384~322 **B.C**)의 말이다. **Plato**(428?~347 **B.C**)는 그의 선생님이다. 선생님보다도 진리가 소중하다니 – 학자다운 말이다. 선생님이 들으면 훌륭한 제자를 두었음을 손뼉을 치고 기뻐할 것이다.

한편 선배인 시저를 암살하는 데 가담한 브루터스는 시저의 시체 곁에서 대중을 향하여 이렇게 외쳤다.

Not that we love Caesar less, but that we love Rome more. (시저를 덜 사랑해서가 아니라 로마를 더 사랑하기 때문이다.) 이 말 한 마디로 브루터스의 배신과 살인 행위는 정당화 되고 대중은 브루터스의 편을 들었다고. 가히 "말 한마디로 천 냥 빚을 갚는다."는 말이 수긍이 간다.

비록 구차하더라도 건강하고 발랄한 신체를 지니고 싱싱한 삶을 만끽할 수 있을 때 최대의 인생의 기쁨이 싹튼다.

▶ **A sound mind in a sound body.**

먼 옛날 **Rome**의 학자 유베날리스(**Juvenalis**)는 이렇게 말하고 있다.

▶ 진정한 정신은 건강한 육체에 깃든다.
* sound 소리, 정상적인.

정신과 육체가 조화된 건실함은 그리스 · 로마인들의 이상이었다. 올림피아의 제전(祭典)에서 벌어진 경기도 그 방편이었다.

옛날의 철학자라고 하면 동양의 신선(神仙)처럼 깡마르고 머리만 과분수로 큰 노인을 연상할지도 모른다. 그러나 서양의 철학자들은 그렇지가 않았다. 플라톤(**Platon**) 등도 완강한 신체의 소유자였다. 그의 이름인 **Platon**은 **platus**(폭 넓은)의 의미로 어깨가 떡 벌어진 체구라고 해서 붙여진 별명이다.

▶ **Poverty is the mother of health.**

라는 극단적인 말까지 있으나 부귀가 사람의 무절제로 인한 건강의 손상의 원인이 되기 쉽다는 관점에서는 이유가 있는 말이다. 그러기에 권위 있는 의사들은 이렇게 충고한다.

▶ 궁핍은 건강의 어머니이다.

▶ **All immoderations are enemies to health.**

그리고 건강을 유지하기 위해서는 정량의 식사(**diet**), 운동(**exercise**), 그리고 수면(**sleeping**)을 강조한다. 우리 할아버지들은 "밥 잘 먹고, 똥 잘 누고, 잠 잘 자면 몸의 탈은 없다."고 하셨다. 밥을 잘 먹는 것은 소화기 계통의 정상을 뜻하고, 똥을 잘 눈다는 것은 배설의 원활, 잠 잘 자는 사람치고 노이로제와 같은 정신 질환과는 인연이 멀다.

▶ 모든 무절제가 건강의 적이다.

신체에 이상이 발생하면 이러한 3가지 요소 중의 한 가지가 무너지거나 더 심하면 복합적인 부조(不調) 현상이 겹친다.

미국에 **Charles Atlas**라는 큰 부자가 있었다. 이 사람은 순전히 자기의 건강한 신체 사진 한 장으로 거금을 번 사람이다. 쉽게 말해서 보디빌딩(**body building**)의 통신 교육 광고에서 자기의 건강미 넘치는 사진과 더불어 다음과 같은 광고를 매스컴에 실었다.

▶ **Free Book – 32 pages on how "Dynamic Tension" changed me from a 97 pound weakling into "World's Most Perfectly Developed Man" – and how I'll prove it can change you, too.**

▶ 책자 무료– 32페이지에 "다이나믹 텐션" 〈역동적 긴장법〉에 의해서 내가 97파운드의 허약 체질에서 어떻게 "세계에서 가장 완전하게 발달한 인간"이 되었는가를 그리고 그 방법으로 당신도 변화시킬 수 있는 증명을 싣고 있습니다.

건강은 누구에게나 관심사가 되는 것이어서 연속적인 광고로 그는 거금을 벌었던 것이다.

명언

In the sweat of the face shalt thou eat bread.

- Genesis

▶ 그대는 얼굴에 땀흘려 양식을 취하리라.

구약성서의 '창세기(**Genesis**)에 나오는 말이다. 뱀의 꼬임을 받아 '금단의 열매'를 먹고 만 아담과 이브는 그 죄—인간이 범한 최초의 죄라고 해서 '원죄(**original sin**)라고 한다. —로 말미암아 낙원 **Eden**에서 쫓겨난다.

신의 노여움은 거기에 그치지 않고 아담에 대해서는 여지껏 **Eden** 동산에서 아무런 수고없이 즐겁게 먹고 지낸 데 대해서 '이마에 땀흘려' 쉴 새 없이 일해야만 그날의 양식을 얻고 이브에 대해서는 출산의 고통, 즉 **labours**를 짊지웠다.

in the sweat[swét] **of the face**(얼굴에 땀흘려)에서 **face** 대신에 **brow**(이마)를 쓰기도 한다. **Shalt thou**는 **shall you**의 고어체. 여기에서의 **shalt**는 '~일 것이다'라는 단순미래가 아니고, '~하게 할 것이다'라는 이야기하는 사람. 즉 신의 의지를 나타내어 격한 신의 노여움을 엿보게 한다.

A man is as old as he feels, and a woman as old as she looks.

남자의 나이는 느끼기에 달렸고, 여자의 나이는 얼굴을 보면 안다.

육십 고개를 넘어선 노인이라 할지라도 마음은 젊기 때문에 건강하기만 하다면 나이에 구애되려 하지 않는 것이 남성이다. 그러나 여성은 아무리 화장을 두텁게 해도 그 나이를 속이기 어렵다.

Much meat, much disease.

과식이 탈이다.

직역하면, "고기를 많이 먹을수록, 병이 많아진다."이다. 과식이 위장병의 원인이 되는 것은 확실하다. 그래서,

▶ **He that eats till he is sick must fast till he is well.**

이라는 속담도 생겼다.

육식을 주로 하는 서양인들로서는 **meat**는 '고기'의 뜻 외에 '식사'의 의미로도 사용한다.

▶ 배를 앓도록 먹는 자는 병이 낫도록 금식해야 한다.

* **fast** 단식하다.

건강 각국의 속담

▶ **Who is not healthy at twenty, wise at thirty, or rich at forty, will never be either.** - *Russia*

20대에 건강하고, 30대에 현명해지고, 40대에 부를 이룩하지 못하는 자는 결코 건강도 현명도 부도 얻지 못한다.

▶ **Two things are only appreciated when we no longer have them, health and youth.** - *Arabia*

두 가지, 즉 건강과 젊음은 그것을 잃고 난 뒤에야 그 고마움을 안다.

▶ **Bread and cheese is medicine for the well** - *France*

빵과 치즈는 건강한 자를 위한 약이다.

▶ **Eat leeks in March, garlic in May. All the rest of the year the doctors may play.** - *Scotland*

3월에 부추를 먹고, 5월에 마늘을 먹어서 한 해의 나머지 기간은 의사가 놀게 하라.

▶ **God heals and the doctor gets the money.** - *Belgium*

신이 병을 치료하고 의사가 돈을 받는다.

▶ **Fresh air impoverishes the doctor.** - *Denmark*

신선한 공기는 의사를 가난하게 한다.

▶ **He who is well does everything to make himself ill, and he who is ill does everything to make himself well.** - *Itally*

건강한 자는 병을 얻기 위해 온갖 짓을 하고, 병든 자는 건강을 얻기 위해 온갖 짓을 한다.

▶ **The lean dog lives longest.** - *Poland*

마른 개가 오래 산다(비만은 위험 신호).

▶ **Temperance and fasting cure most diseases.** - *India*

절제와 단식은 대부분의 병을 낫게 한다.

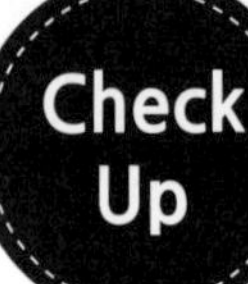

Check Up

영작연습

141 돈은 당나귀도 가게 한다.

142 잔돈에는 현명하고, 큰돈에는 어리석다.

143 절약이 최대의 수입이다.

144 빚은 슬픔의 근원.

145 바보와 그의 돈은 쉽게 헤어진다.

146 돈이 돈을 낳는다.

147 금전을 사랑함은 모든 악의 근원이다.

148 저축한 한 푼은 한 푼의 소득이다.

149 낭비를 하지 않으면 부족을 느끼지 않는다.

150 싼 거래는 두 번 생각하라.

Key Word

141 money.
142 penny-wise, foolish.
143 great revenue.
144 sorrowing.
145 fool, his money
146 beget.
147 love of money, evil.
148 a penny gained.
149 waste, want.
150 think twice.

Answer

141 Money makes the mare to go.
142 Penny-wise and pound-foolish.
143 Thrift is a great revenue.
144 Borrowing makes sorrowing.
145 A fool and his money are soon parted.
146 Money begets money.
147 The love of money is the root of all evil.
148 A penny saved is a penny gained.
149 Waste not, want not.
150 At a good bargain think twice.

151 일찍 일어나는 새가 벌레를 잡는다.

152 알맞게 먹으면 의사가 필요없다.

153 좋은 술은 몸에 좋다.

154 건강은 부보다 낫다.

155 과식이 탈이다.

156 배를 앓도록 먹는 자는 병이 낫도록 금식해야 한다.

157 궁핍은 건강의 어머니이다.

158 돈이 전부이다. 금전이 세계를 지배한다.

159 살기 위해서 먹되, 먹기 위해서 살아서는 안 된다.

160 모든 무절제가 건강의 적이다.

Key Word

151 early bird.
152 measure, defy.
153 good wine.
154 health.
155 disease.
156 eats, sick.
157 poverty, health.
158 everything, world.
159 live, eat
160 immoderations.

Answer

151 An early bird catches the worm.
152 Eat in measure and defy the doctor.
153 Good wine makes good blood.
154 Health is better than wealth.
155 Much meat, much disease.
156 He that eats till he is sick must fast till he is well.
157 Poverty is the mother of health.
158 Money is everything. Money rules the world.
159 Eat to live, and do not live to eat.
160 All immoderations are enemies to health.

10 행복에 관한 속담

Care kills a cat.

근심 걱정은 고양이도 죽인다.

▶ **A cat has nine lives.**

▶ 고양이는 목숨을 아홉 개 가지고 있다.

그만큼 모질다는 뜻이다. (누구지? 고양이가 되었으면 하는 사람은……?) 아홉 개는 그만두고라도 하나만 더 있으면 좋겠다.

각설하고 그렇게 모진 고양이도 근심 걱정이 많으면 죽고 만다니 근심이라는 것이 얼마나 몸에 해로운가를 알 수 있다.

그러니 가슴을 조이지 말고 낙천적으로 살 일이다.

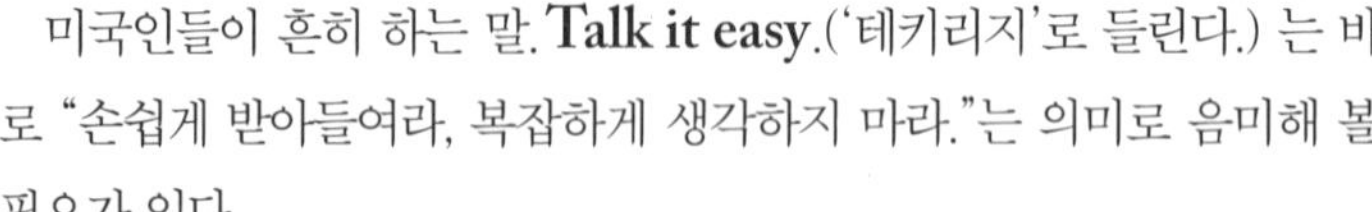

미국인들이 흔히 하는 말. **Talk it easy.**('테키리지'로 들린다.) 는 바로 "손쉽게 받아들여라, 복잡하게 생각하지 마라."는 의미로 음미해 볼 필요가 있다.

하여간 신경성 위장병이다, 노이로제다 해서 근심 걱정에서 싹트는 질병은 많다. 어느 의학 잡지의 통계에 의하면,

▶ **As much as 75% of our physical ailments may originate in our heads than in our bodies.**

▶ 질병 중의 75%가 신체보다도 머리에서 생겨나는 편이다.
＊ **ailment** 질병, 불쾌.

라고 주장하고 있다. 그런가 하면 근심 걱정은 악순환을 거듭하기도 한다. 우스갯소리에 다음과 같은 것이 있다.

▶ **"What can I do? I'm worried about my son, because he's worried about me worrying about him."**

▶ 어찌하면 좋겠습니까? 자식 일이 걱정입니다. 자식은 내가 자식 걱정하고 있다고 생각하고 저를 걱정하고 있답니다.

Contentment is great riches.

만족은 크나큰 재산이다.

* **contentment** [kənténtmənt] 만족(하기).

바꾸어 말해서,

▶ **He is rich who is content with what he has.**

▶ 현재 소유하고 있는 것으로 만족하고 있는 자는 부자이다.

라고 설명을 보충하면 이 속담이 의미하는 바가 명료해진다. 한편 **content**나 **contentment**나 '만족'의 뜻이지만 **content**는 동사로 '만족해하다'의 의미도 지닌다. 이때는 악센트가 뒤로 와서 [**kəntént**]가 된다.

명언

Nature and Books belong to the eyes that see them.

- Emerson

▶ '자연'과 '서적'은 그것을 보는 눈을 가진 사람의 소유물이다.

아무리 아름다운 자연을 대하더라도 그 아름다움을 감지할 수 있는 눈이 없으면 별 것이 아니다. 아무리 훌륭한 책이라도 해득하는 눈이 없으면 이해를 못한다. 눈을, 심미안을, 교양을 쌓아야 한다.

좀더 명백히 **eye**가 안목이나 관찰력의 의미로 쓰이는 예를 들어 본다. **He has an eye for painting.** (그는 그림을 볼 줄 안다. 그림을 보는 안목이 있다.) 이런 의미로 쓰일 때는 단수로 쓰이는 경우가 많다. 귀의 경우에는 **He has no ear for music.** (그는 음악을 모른다. 음악을 듣는 귀가 없다). **He has an ear for music**이면 음악 애호가.

만약 앞의 o를 강하게 발음해서 [kɔ́ntent]라고 발음하면 '내용'의 뜻이 된다. 서적의 '차례'라는 것은 그 책의 내용들을 뜻하니까 **cóntents**라고 한다.

각설하고, 육체적인 건강에 절제가 필요한 것처럼 심적인 욕망에도 한계가 있어야 행복해질 수 있다. 다음은 영국의 어느 가정 주부가 잡지에 기고한 시의 한 구절이다.

▶ **When I was young I longed to do**
Great deeds and earn great riches too.
▶ **I thought no task was too sublime,**
No heights to which I could not climb.
▶ **But time has shown this cannot be.**
▶ **Such fame is not for such as me,**
▶ **Mine is a humble part to play**
Just keeping cheerful day by day.

▶ 어릴 때 나는 큰 일을 하고 큰 부를 얻기 바랐다.
▶ 하지 못할 정도로 엄청난 일도 오르지 못할 높이도 없다고 생각했다.
▶ 허나 세월은 그것을 이룰 수 없음을 보여 주었다.
▶ 그런 명성은 나 같은 것에는 분수에 넘치고,
▶ 나의 역할은 그저 단역으로서 하루 하루 기쁜 날을 보내는 것임을.

만족(**content**)할 줄 안다는 것, 그래서 부질없는 탐욕과 야망을 달성하려는 조바심에서 벗어난다는 것은 현실적으로 행복을 느낄 수 있는 요건이다. '조금만 더…….' 라는 조바심에 행복은 안주하지 못한다.

Diligence is the mother of good fortune.

근면은 행운의 어머니이다.

근면이란 부지런히 돈을 모으는 것만은 아니다. 영영사전에서 이 항목을 찾아보면,

▶ **constant effort to accomplish anything**

▶ 무엇인가를 성취하기 위한 부단한 노력

이라고 나와 있다. 금전에 관한 말이라고는 한 구절도 없다. 밭갈이든, 독서든, 문학이든, 물론 돈을 벌기 위한 장사든 곁눈질하지 말고 자기가 목표한 바를 열심히 수행하는 과정이 근면이다.

분업시대에 사는 우리로서는 자기가 맡은 바 직분에 근면함으로써만 부와 재산(**fortune**)을 이룩할 수 있으며, 아울러 행운(**fortune**)도 누릴 수가 있는 일이다. **Fortune**이라는 한 개의 단어에 '운명'과 '부(富)'와 '행복'의 세 뜻이 공존하는 것은 의미심장한 교훈이다. "가난 구제는 나라도 못한다."고 했다.

빈둥빈둥 놀고서야 이 **fortune**은 언제까지나 외면을 할 뿐이다. 가난 구제는 나라의 복지 사업보다도 자기의 근면 여하에 달려 있는 것이다.

Brevity is the soul of wit

- Shakespeare

▶ 간결성은 지혜의 결정체이다.

* **Brevity** [brévəti] 간결, 짧음.

Brevity는 '간결'(형용사 '간결한'은 **brief**). 간단 명료한 표현을 할 수 있는 사람은 머리가 좋은 사람이다. 어쩌구 저쩌구 말이 긴 것은 바보의 증거.

France의 다재다능한 예술가 '장 콕도'는 이렇게 말했다. "간단한 일을 간단하게 말하는 것은 당연하다. 간단한 일을 복잡하게 말하는 것은 바보다. 우리들 각자는 복잡한 것을 장황하지 않게 간단히 표현한다."라고.

그 응용문으로는 **Upright dealing is the soul of commerce.** (정직한 거래는 상업의 생명이다.) 등이 있다. **… is the soul of ~**를 익히기 위해서 …와 ~에 여러 가지 말을 넣어 보면 공부가 되겠다.

No bread eaten by man is so sweet as that earned by his own labor.

모름지기 사람이 먹는 빵 중에 스스로의 노동에 의해서 얻은 것보다 맛있는 것은 없다.

no… so A as B 'B만큼 A한 것은 없다'는 비교와 부정이 혼합된 표현이다. 즉 자기 이마에 땀흘려 얻은 빵이야말로 가장 달다는 교훈. 노동은 고귀한 것이다.

노름이나 복권 또는 소매치기와 같은 힘 안 들인 공돈이나 횡재(橫財)는 오래 가지 못한다는 것이 선현들의 결론이었다. 땀흘려 일한 노동의 대가가 아니고는 그 재물의 가치를 소홀히 생각하는 나머지 탕진하게 되기 때문이다.

명언

Fire is the test of gold. Adversity, of strong men.

- Seneca

▶ 불은 금을 시험하고, 역경은 강한 인물을 시험한다.

* **adversity** [ædvəːrsəti] 역경.

Rome의 스토아 학파 철학자 세네카(**Seneca**: 기원전 4~65)의 말. 그는 폭군 네로의 교사였으나 반역의 혐의로 자결을 강요받았다.

어느 쇠붙이가 금이냐 여부는 불의 온도로써 측정할 수 있듯이, 인간은 역경에 처해서 이겨낼수록 그 진가를 알 수 있다.

Adversity는 '역경'의 뜻.

비록 된장 찌개에 생선 토막 하나를 상 위에 올려놓고 식사를 하더라도 고된 일 끝에 대하는 식사는 맛있고 보람있는 법이다.

▶ **No labor, no bread.** 라는 말도 있다. 한국인에게는 밥이지만 그들에게는 빵이다.

▶ 일하지 않으면 먹지 말라.

한편, **eat the bread of idleness**라고 하면 '무위도식하다', '일하지 않고 먹고 지내다'의 뜻이고 **breadwinner**라고 하면 한 식구를 먹여 살리는 '부양 책임자'의 뜻이다.

구약성서 중 '잠언'에는 이런 말도 있다.

▶ **Bread of deceit is sweet to a man. But afterwards his mouth shall be filled with gravel.**

▶ 기만으로 얻은 빵은 입에 달지 모르지만 끝내는 그의 입 속을 자갈로 채울 것이다.

Fortune comes in by a merry gate.

행운은 즐거운 대문으로 들어온다.

'소문만복래(笑門萬福來)'라는 동양적인 발상과 빈틈없이 일치한다. **By**는 '그것을 통과하며'의 뜻. 어둡고 불화에 찬 가정, 이기주의에 가득 차고 배타적인 집을 행운은 외면한다. 화기에 차고, 웃음소리가 그치지 않는 집안에만 찾아드는 것이다.

우리 나라에서는 근엄하고 웃음을 천시하는 사람이 관록이 있는 것으로 은연중 존경을 받았었다. 그러나 현대는 웃음이 넘치는 사교적인 사람이 환영을 받고 사업도 잘 해나가는 것 같다. 서양도 마찬가지였던 모양이다.

▶ **In the past, the surest way to achieve fame was for a man to make himself universally feared. Nowadays we have no use for autocrats. But we honor our laughter-makers.**

▶ 옛날에 명성을 얻는 가장 확실한 방법은 스스로를 사람들로 하여금 두렵게 하는 것이었다. 현대에서는 독재자는 별볼일 없다. 우리는 웃음을 만들어 주는 사람을 존경한다.

laughter-maker 라고 해서 바보짓으로 **TV**에서나 억지로 웃겨

주는 저질 코미디언을 뜻하는 것이 아니다. 진실한 위트(**wit**)와 유머(**humor**)로 주위 사람들을 유쾌하고 격의없는 분위기로 감싸주는 사람을 뜻한다.

▶ **Laugh and at once there is a new charge of energy in your blood.**

▶ 웃어라, 그러면 그 즉시 혈액 속에 새로운 에너지가 충전된다고 한다.

학자의 연구에 의하면 사람이 웃으면 아드레날린(**adrenalin**)이라는 성분이 혈관에 분비되어 **life-giver**(활력을 북돋는 것)가 '일소일소, 일로일로(一笑一小, 一努一老)'라는 말이 아주 근거없는 말이 아니었음을 알 수 있다. 이러한 근거를 어느 책에서는 이렇게 설명하고 있다.

▶ **Every time a man smiles, but much more so when he laughs, it adds something to this Fragment of Life.**

▶ 미소지을 때마다, 더구나 소리내어 웃을 때에 그것은 무엇인가를 이 생명의 한 조각에 더해준다.

Marry first and love will follow.

우선 결혼하고 나면 사랑은 싹튼다.

이런 속담이 생겨난 것을 보면 서양의 옛 노인들도 여간 인생 경험이 풍부했던 모양이다.

젊은이, 특히 미혼 여성에게 "당신은 맞선을 본 다음의 중매 결혼과 연애 결혼 중 어느 쪽을 선택하겠느냐?"고 물어보면 이구동성으로 '연애 결혼!'을 택한다. 오히려 오죽 병신이면 중매 결혼을 하랴는 기세이다. 그러나 연애라는 것의 위험성을 인식하고 하는 말일까?

일단 상대방이 좋아져서 사랑이 불붙기 시작하면 그 사람의 모든 것이 미화(美化)되어 화장실에도 가지 않는 견우나 직녀처럼 신격화된다. "고운 사람 미운 데 없고, 미운 사람 고운 데 없다.(愛人無可憎 憎人無可愛)"의 경지가 바로 그것이다. 세익스피어는 그의 "한 여름 밤의 꿈"이라는 희곡에서 "연인(**lover**)과 광인(**lunatic**) 및 시인(**poet**)의 머리 속에는 현실 감각을 잃은 상상(**imagination**)으로 가득차 있다."고 말했다.

이렇게 정상을 잃은 젊은이에게,

▶ **Look well, and love well**.

▶ 잘 살펴보고, 잘 사랑하라.

이라고 타일러 봤자 무리이다. 결혼식을 끝내고 열이 식어서야 잘 보고는 환멸을 느껴 풍파가 일어나기 시작한다. 여기에 비하면 초례청에서 비로소 얼굴을 대하고도 아들 딸 낳고 살아가면서 부부로서의 깊은 애정이 싹트고, 검은 머리가 파뿌리 되도록 해로했던 시대에는 가정법원의 필요성이 없었다.

명언

Give me liberty or give me death.

\- Patrick Henry

▶ 나에게 자유가 아니면 죽음을 달라.

자유를 획득하기 위해서 투쟁했다는 유명한 미국의 독립투사이자 웅변가였던 **Patrick Henry**(1736~1799)가 한 말이라고 한다. 오늘날 우리가 향유하고 있는 자유는 결코 처음서부터 누가 부여해 주었던 것이 아니고 수많은 선현들의 노력과 피가 우리에게 오늘의 자유를 누리게 하고 있는 것이다.

그렇다고 이 자유는 영구적인 것이 아니다. 우리는 이 자유를 다시 잃지 않기 위해 그만한 대가와 노력을 경주해야 할 것이다.

Give me liberty or give me money.

등 성실치 못한 농담으로 흘려버리지 말 것.

더구나 남성이란 연애라면 신이 나지만, 한 여성에게 예속되고 부양이라는 책임이 수반되는 결혼에는 소극적이다.

▶ **Men always want to be a woman's first love. Women like to be a man's last romance.**

▶ 남성이란 언제나 한 여성의 최초의 애인이기를 원하며 – 여성은 한 남성의 마지막 로맨스의 대상이기를 원한다.

오스카 와일드(**Oscar Wilde**)의 말이다. 여성은 남성을 끝까지 독점하고 싶어하는 데 비하여 남성은 그렇지 않은 모양이다.

▶ **It isn't tying himself to one woman that a man dreads when he thinks of marrying. It's separating himself from all others.**

▶ 남성이 결혼에 임하여 겁을 먹는 것은 그가 한 여성에게 묶인다는 것이 아니고, 다른 모든 여성으로부터 분리된다는 일이다.

진정한 결혼의 행복을 위해서는 다음 항목의 속담을 다시 한번 음미할 필요가 있다.

Marry in haste, repent at leisure.

급히 결혼하고, 천천히 후회하라.

* **repent** [ripént] 후회하다.

in haste는 '서둘러서', **at leisure**는 '한가하게'의 뜻이다. 요즈음에는 "레저를 즐긴다"는 뜻으로 **leisure**를 흔히 쓰는데 '틈, 시간적인 여백'을 뜻한다.

어느 독신 남성이 결혼한 친구에게,

▶ **"Sometimes I yearn for the peace and comfort of married life."**

▶ 나는 때때로 결혼 생활의 안정과 안락을 동경한다네.

라고 말하자 이렇게 대답했다.

▶ **"I always do."**

▶ 나는 늘 그렇다네.

즉, 마누라 등쌀에 때때로(**sometimes**)가 아니라 늘(**always**) 안정과 안락을 동경하는 신세가 되었다는 대꾸이다.

▶ **Honeymoon is the vacation a man takes before going to work for a new boss.**

▶ 허니문이란 한 사나이가 새로운 상사에게 취업하기 전에 갖게 되는 휴식이다.

물론 **a new boss**는 신부를 뜻한다. 그렇다고 불평이 남성 쪽에만 있는 것은 아니다. 여성은 이렇게 탄식한다.

▶ **"It is sometimes just as hard to find a husband after marriage as before."**

▶ 결혼 전에 남편을 찾아내기가 어려웠지만, 결혼 후에도 마찬가지예요.

12시가 다 되어야 술고래가 되어 귀가하는 남편을 두고 하는 말이다. 하여간 결혼이란 인륜지대사(人倫之大事)라고 했다. 신중에 신중을 기하지 않고 미색에만 이끌려 사람됨의 바탕을 파악하지 못했다가는 고생문이 훤하다. "일색(一色) 소박은 있어도, 박색 소박은 없다." '송남잡식(松南雜識)'에 나오는 말이다. 수더분 한 용모의 여성이 아내로서는 안정감이 든다.

명언

Where all think alike, no one thinks very much.

- Walter Lippman

▶ 모든 인간이 같은 생각을 하는 곳에서는 아무도 많이 생각하지 않는다.

Walter Lippman은 유명한 미국의 정치 평론가이다.

여기에서 **where**(곳)을 **nation**(국가)으로 바꾸어 생각하면 알기 쉽다. 그 국가의 체제가 독재적이어서 국민에게 같은 생각만을 하도록 통제되면 어느덧 사람들은 깊이 생각하려 하지 않고 하라는 대로 하게 된다. 이것은 위험한 일이다. 과거의 '나치'독일과 소련이 그 대표적인 경우이다. 이웃나라 일본에서는 제국주의 시대에 수많은 젊은이가 이 획일적인 교육으로 천황을 위해서 남양에서, 중국 대륙에서 죽어 갔었다.

All sorrows are less with bread.

먹을 것이 족하면 슬픔도 삭는다.

행복이란 정신적인 것이라고는 하나 냉혹히 말해서 물질적인 충족없이는 성인이나 신선들의 영역에 속하는 것 같다. 이 속담은 17세기 세르반테스 작 '돈키호테' 중의 한 구절에 연유한다.

그리고 뒤집어 말해서 다음과 같이 쓰기도 한다.

▶ **There is no ill in life that is not worse without bread.**

▶ 빵이 없는데도 나빠지지 않는 인생에 나쁨이란 없다.

명언

Better to reign in hell than to serve in heaven.

- John Milton

▶ 천국에서 노예가 되기보다는 지옥에서 왕자로 군림하리라.

* **reign** [rein] 군림하다, 지배하다, 통치.

영국의 시인 존 밀턴(**John Milton**: 1608~1674)의 장편 서사시 "실낙원"(**Paradise Lost**)에 나오는 말로서 천사들에게 패배한 마왕(**Satan**)의 독백이다.

역시 영국의 속담에 있는, **Better be the head of a dog than the tail of a lion.** (개의 머리가 될지언정 사자의 꼬리는 사양하겠다.)는 것과 맥을 같이 한다. 우리 속담에서는 소와 닭을 등장시켜, "쇠꼬리보다 닭대가리가 낫다."고 했다. 신통하게도 그 발상이 일치한다.

Every cloud has a silver lining.

어떤 구름에도 은빛 테두리는 있다.

* lining [láiniŋ] (옷 따위의) 안감.

a silver lining은 햇빛을 받은 구름의 윤곽의 밝은 테두리를 뜻한다. 비록 먹구름이라 하더라도 그 저쪽에는 찬란한 햇빛이 비치고 있음에 틀림없다. 현실이 아무리 어둡고 불행하더라도 그 저쪽의 희망과 행복을 잊지 말라는 내용이다.

한문 표현에 '새옹지마(塞翁之馬)'라는 것이 있다. 현재의 불행이 뒤집혀 엉뚱한 행운의 원인이 된다는 의미를 담고 있다. 어느 외국잡지에 **'Silver Lining'**이라는 제목하에 다음과 같은 유머가 실려 있기에 소개한다.

▶ **The plumber-come-lately, on arriving, asked, "Well, how's the leak?"**

▶ **"Not so bad." came the sarcastic reply, "While we were waiting for you, we taught our youngsters how to swim."**

▶ 늦게 온 배관공이 도착하기가 무섭게 물었다. '그래, 누수는 어떻게 되었습니까?

▶ "별로 큰일은 아니오", 비꼬는 대꾸였다. "당신을 기다리는 동안 우리 아이들에게 수영법을 가르쳤다오."

각설하고 고생 끝에 낙이, 불행을 겪고 나면 행운이 오게 됨을 비유하는 속담은 그밖에도 많다.

▶ **It is a long lane that has no turning.**

▶ **The darkest hour is that before the dawn.**

▶ **It is a poor heart that never rejoices.**

▶ 돌아가는 길목이 없는 길은 없다.(이제 곧 나온다.)

▶ 가장 어두운 시각은 밤이 새기 직전이다.

▶ 가난한 마음에도 기쁨은 온다.

Laugh, and the world laughs with you. Weep, and you weep alone.

웃어라, 그러면 만인이 더불어 웃어 줄 것이오. 울어라, 그러면 혼자 울고 있음을 알리라.

* **weep** [wi:p] 눈물을 흘리다, 울다.

간단히 말해서 늘 웃는 사람에게는 복이 따르나, 찡그린 빈상(貧相)은 외롭고 의지할 데가 없음을 의미하고 있다.

그러나 성서에서는 그 자애로운 폭을 넓혀 다음처럼 타이르고 있다.

▶ **Rejoice with them that do rejoice and weep with them that weep.**

▶ 기뻐하는 자와 함께 기뻐하고, 슬퍼하는 자와 더불어 슬퍼하라.

행복 각국의 속담

▶ **Happiness and misery are not fated but self-sought.** – *China*

행복과 불행은 운명지워지는 것이 아니라 스스로가 이룩하는 것이다.

▶ **The only happy man is he who thinks he is.** – *France*

유일하게 행복한 자는 스스로 행복하다고 생각하는 자이다.

▶ **No one is as happy as the man who thinks he is.** – *Germany*

스스로 행복하다고 생각하는 사람만큼 행복한 사람은 없다.

▶ **Happy is he who only desires what he may and does what he ought.** – *Portugal*

가능한 것만 소망하고, 해야 할 일을 하는 사람이 행복하다.

▶ **The nearest approach to happiness for man in the course of his life is to possess liberty, health and a peaceful mind.** – *India*

삶에서 인간이 가장 확실하게 행복해지기 위해서는 자유와 건강과 평화로운 마음을 지니는 것이다.

▶ **The lucky man has a daughter for his first child.** – *Portugal*

복 있는 자는 첫아이로 딸을 갖는다.

▶ **Throw the fortunate man into the Nile and he will come out with a fish in his mouth.** - *Egypt*

복 있는 자는 나일강에 내던져도 고기를 입에 물고 나온다.

▶ **When the bitters of adversity are exhausted, then come the sweets of happiness.** – *China*

역경의 쓰라림이 다할 때, 행복의 감미로움이 온다.

▶ **Consider each day as your best day.** – *Hungary*

그날 그날이 가장 좋은 날로 생각하라.

11 사회에 관한 속담

All that glitters is not gold.

번쩍이는 것이라고 모두 금은 아니다.

부정(否定)에는 "전부(어느 것이나)~이 아니다."라는 의미의 전체 부정과 "전부가(모두가) ~인 것은 아니다."라는 의미를 나타내는 부분 부정이 있다. "번쩍이는 것이 모두 금은 아니다."라고 하는 것은 "번쩍이는 것 전부가 금이라고는 할 수 없다."라는 의미의 부분 부정이다. 영어에서는 부정어와 **all, both, every, quite, always, necessarily** 등이 함께 쓰일 때에 부분 부정이 된다.

각설하고 겉보기에는 그럴듯하지만 실제의 내용은 빈약하고 엉뚱한 경우가 물건에든, 사람에든 흔히 있다. 특히 여성의 경우 외모에만 치중하고 머리 속은 텅 빈 경우가 허다하며, 끝내는 실망을 안겨 주는 일이 많다. 모 여자대학 주변에 즐비한 의상실과 서점의 대비는 한심스러운 암시를 준다.

착실한 남성의 눈으로 본 착실한 여성의 매력이란 미모(**good looks**)는 2차적인 것이고, '건실한 성격(**strength of character**)', '관대함(**tolerance**)', '유머에 대한 센스(**a sense of humor**)' 등이다. 어느 모델(**model**) 양성 학교의 교장선생님은 이렇게 말했다.

▶ **"You need not be beautiful to have that 'certain air' which will make you stand out as an attractive woman. This 'air' has more to do with personality than with physical features."**

▶ 당신을 매력적인 여성으로 돋보이게 하는 '어느 무드'를 몸에 지니기 위해서 아름다워질 필요는 없습니다. 이 '무드'란 신체적인 특징보다는 사람됨에 더 깊은 관계가 있는 것입니다.

한편 여성의 눈에 비치는 건실한 남성상도 마찬가지이다. 여성에게 깊은 인상을 주는 요소는 금전(**money**)이나 지위(**position**)나 세도(**influence**) 등 외견상 '눈부신'것보다는 꾸밈새 없는 인격의 건전성이다.

더구나 요즈음은 과학이 발달하여 납덩어리나 쇠붙이 겉면만 살짝 도금 처리한 가짜가 많은 시대이다. 번쩍이는 것을 몸에 많이 부착한 사람은 오히려 경계할 줄 알아야 하겠다.

Talk of the devil, and he will appear.

호랑이도 제 말을 하면 온다.

직역하면 "악마에 관해서 이야기하니 악마가 나타났다."이다 실제로 어느 친구의 험담을 하고 있다든지, 회사에서 여사원의 비평에 열을 올리고 있노라면 언제 나타났는지 당사자가 등 뒤에 뿔이 나서 덤벼들 자세를 취하고 있기도 한다.

그러나 이 속담은 반드시 나쁜 의미로만 쓰이는 것은 아니다. 기다리는 친구가 나타나지 않아 "그 친구 올 때가 됐는데……. " 라고 서로 이야기를 주고받는 순간 그가 나타나면 좌중의 사람들은 "**Talk of the devil, and he will appear**."라고 말한다. **Devil**(악마)이라는 말을 썼다고 해서 그를 악마시하는 것은 아니다.

한편, 영어에서는 이 속담에 **devil**이 등장하지만 프랑스어에서는 **wolf**(늑대)를 등장시켜 "**Talk of the wolf, and his tail will appear**."처럼 말한다. 이것이 우리말에서는 **tiger**(호랑이)를 끌어들인 것이 흥미있는 일이다.

유럽에는 호랑이나 사자와 같은 맹수가 없기에 추상적인 **devil**이나 유럽에 흔한 **wolf**가 등장했지만 우리 나라에는 늑대나 물론 그것보다 더 무서운 호랑이가 서식했기에 호랑이가 인용된 것이라 하겠다. 한문으로는 "談虎虎至 談人人至 (담호호지 담인인지)"라고 한다. "호랑이도 제 소리 하면 나타나고, 사람도 제 말 하면 온다."의 뜻.

명언

Time is flying never to return.

\- Vergilius

▶ 시간은 흘러 다시 돌아오지 않는다.

Rome의 베르질리우스(Vergilius: 기원전 70~19)의 "Fugit inreparabile tempus"를 영어로 옮긴 것이다.

잃어 버린 부는 저축함으로써 다시 얻을 수 있고, 손상된 건강은 섭생이나 의약의 힘으로 회복할 수 있다. 그러나 일단 지나가 버린 시간은 다시 돌이킬 수가 없다. 이렇듯 흘러가 버리기만 하는 시간을 허송세월할 수는 없지 않는가!

한편, "**Time flies like an arrow**".라는 말이 영어의 격언처럼 인용되나, 이것은 중국의 격언 광음여시(光陰如矢)를 영어로 옮긴 것이다.

Do to others as you would be done by.

남이 해 주기를 바라는 바를 남에게 행하라.

이것은 속담이라기보다 인간이 사회를 살아나가는 데 필요한 **Golden Rule**(황금률)에 해당한다. 그 근원은 그리스도의 '산상수훈(**the Sermon on the Mount**)'의 일절이다. 쉽게, 좀더 구체적으로 말하자면

▶ **Do to others as you would have them do to you**.

가 된다.

▶ 남에게 시키려 했던 바를 남에게 행하라.

똑같은 내용의 말을 공자(孔子)는 '논어'에서 이렇게 말하고 있다.

"내가 원치 않는 바를 남에게 행하지 마라." 이 내용을 영문으로 옮기면 **What you do not want done to yourself, do not do to others.** 그리스도가 공자의 말을 도용했는지, 차용했는지는 몰라도 현인(賢人)들의 생각은 시공(時空)을 초월한 그 무엇인가가 있다.

그러나 시인 **Shelly**는,

▶ **The golden rule is that there are no golden rules.**

▶ 황금률이 없다는 것이 황금률이다.

즉, **golden rule**이라는 것이 세상살이에 반드시 적용되는 것이 아니다라고 한 술 더 뜬 말을 하고 있다. 그런가 하면,

▶ **Do not do unto others as you would they should do unto you. Their tastes may not be the same.**

▶ 남이 해 주길 바라는 바를 남에게 해 주지 말라. 취미가 같지 않을지도 모른다.
* **unto** to의 고어, 시어.

이것도 일리가 있다. "며느리가 미우면 발뒤축이 달걀 같단다."고, 어깨를 주물러 드려도 평시의 앙심을 풀기 위해 일부러 아프게 꼬집었다고 시어머니가 역정을 낸다.

Even Homer sometimes nods.

'호머'라 할지라도 때로는 존다.

* **nod** [nad] 끄덕이다, 졸다, 끄덕임.

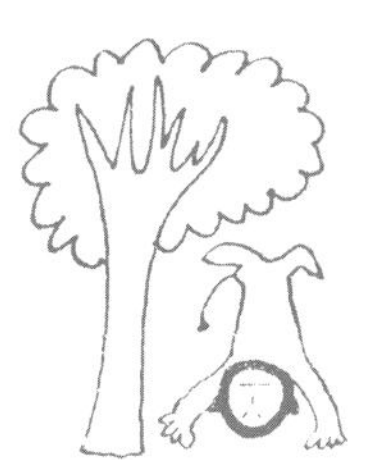

Homer라고 해서 야구의 홈런 등을 연상해서는 곤란하다. 기원전 8~9세기 그리스의 눈이 먼 장님 시인 '호머'이다. 그는 트로이 전쟁 등을 다룬 대서사시 **Illiad**와 **Odyssey**를 쓴 시인이다.

그런 '호머'라 할지라도 때로는 꾸벅꾸벅 졸았다는 이야기다. 여기에서 존다는 것은 실수를 한다는 말. 즉 완전무결한 사람은 없다는 것이 그 요점이다.

우리 속담에 비슷한 것을 골라내자면, "원숭이도 나무에서 떨어진다.", 또는 "항우(項羽)도 낙상할 때가 있다."가 여기에 해당된다.

nod는 고개를 끄덕이거나 머리를 세로로 흔드는 것, 고개를 가로로 흔드는 것은 **shake**.

Honesty is the best policy.

정직은 최상의 정책이다.

이것 역시 속담이라기보다는 사람이 살아나가는 데에 있어서 **Golden Rule**과 같은 것이다. 우리의 것으로는 "정직한 사람의 자식은 굶어 죽지 않는다." 라는 것이 있다. 즉

▶ **It pays to be honest.**

▶ 정직함에는 대가가 따른다.

명언

Go to the ant, thou sluggard, consider her ways, and be wise.

\- Bible

▶ 너, 게으른 자여, 개미에게 가서 그가 일하는 바를 생각하고 현명해져라.

성서의 **Proverb**(잠언집)에 있는 말이다. '잠언집'은 주변에 흔한 예를 들어 알기 쉽게 말하는 설교의 모델이다.

이 중세기 영어에서의 **thou**는 **you**, **sluggard**는 **slug**(달팽이) 같은 느리고 게으른 자.

최근의 학설에 의하면 개미가 열심히 일하는 것은 근면해서가 아니라 **recreation**을 위함이라고 한다. 게으른 학생들에게는 복음과 같은 발표이다. 다음과 같은 격언도 있다.

None preaches better than the ant, and she says nothing. (개미보다 더 설교를 잘하는 자는 없다. 아무 말도 안 한다.) 즉 행동뿐 말이 없다.

를 구체적으로 말한 내용인데 정직하고 보면 그 자손까지 복을 받게 된다는 말이다.

이 황금률은 **America**식 실용주의의 대표자격인 **Benjamin Franklin**의 가르침이다. 주판이나 전자계산기를 두드려보고 이익이 될 듯 싶어 선행을 한다면 치사하다. 혹시 이웃돕기의 성금을 낸 사람 중에는 신문이나 **TV**에 사진을 내고 싶어서 하는 사람도 있을지 모른다.

경험(?)이 풍부한 사람 중에는

▶ **Honesty does not pay.**

▶ 정직은 수지가 안 맞는다.

라는 사고방식을 갖는 사람도 있다. 그러나 이제 이러한 부조리는 없어져야 하겠다. 정직하면 언젠가는 알아 준다. 뇌물을 주고받다가는 반드시 철창행이다. **Dishonesty does not pay.**의 사고 방식이 정립돼야

명언

Little deeds of kindness, little words of love help to make earth happy, like the heaven above.

- Julia Carney

▶ 작은 친절한 행위, 작은 사랑의 말은 이 세상을 천국처럼 행복한 것으로 만든다.

어느 인용문에서는 **make this earth as Eden.** (이 세상을 에덴 동산으로 만든다.) 이라고 되어 있지만 의미는 같다.

사실상 친절이나 사랑에는 큰 친절이나 작은 사랑이 있을 수는 없다. 그래서 생긋 웃으며 자리를 비켜준 어느 여학생의 친절이 하루 종일 얼마나 마음을 푸근하게 해 주었는지 어느 중년 신사는 안다.

'인정'이나 '자비'를 영어로 **milk of human kindness**라고 하는 것도 **milk** 처럼 따뜻한 모성애를 연상함이리라. 이 표현은 **Shakespeare**의 '맥베스'에 나온다.

만 하겠다.

하여간 비록 더디더라도 정직에는 대가가 따른다. **Honesty is the best policy.**를 시대착오(**anachronism**)라고 비웃는 사람치고 크게 성공할 수는 없다. 세계적인 큰 기업인치고 정직과 신용을 외면한 사람은 없다. 잔재주는 언젠가 실망을 주며 정직은 끝내는 빛을 본다. 하지만 인간은 불완전한 것으로 정직이나 양심을 언제고 지켜 나가기가 어려운 것이다.

▶ **If your conscience is your guide, you usually won't feel like going.**

▶ 양심이 안내하는 길은 대개 따라갈 마음이 내키지 않는다.

Might is right.

힘은 정의이다.

might(힘)와 **right**(정의)가 발음상으로 대조를 이루고 있다. **right**에는 '정의, 권력'의 뜻 외에 '오른쪽'의 의미도 있고, **might**에는 '힘' 외에 '권력'의 뜻도 있다.

might의 '권력'이라는 것은 '자기의 의지를 남에게 강요하는 힘(**power to enforce one's will**)'이니만큼 승리자의 의지가 정의가 되는 것은 역사상 수없이 반복되는 현상이다. 이런 관점에서,

▶ **Might overcomes right.**

▶ 힘은 정의를 이긴다.

라고도 한다.

세상의 크고 작은 일에는 ▶ **Might is never blamed.** 라는 신조를 지닌 사람이 호령을 하고, 무력한 사람은 밀려나는 경우가 많다. 그래서 역시, **Might is right.**라는 옛날 격언이 옳구나 하고 단념을 해버려서는 악의 강한 힘이 커질 뿐이다.

▶ 힘은 결코 비난받지 않는다.

거꾸로 말하면 ▶ **Right is might.**인 것이다. 무력하더라도 여러 사람이 주장하는 바가 옳은 일이라면 그 합쳐진 힘이 강대할 수도 있다. 이기적인 힘은 미움을 받으나 정의는 어디에서나 통용되며 편드는 사람

▶ 정의는 힘이다.

이 많은 것이다.

▶ **Greatness lies not so much in being strong but in the right use of strength.**

▶ 위대함이란 단지 강하다는 것이 아니라 힘의 올바른 사용에 있다.

거듭 음미해 볼 만한 격언이다.

No news is good news.

무소식이 희소식이다.

news에는 '(신문 방송의)뉴스'의 뜻 외에 '소식'의 의미도 있다. 그리고 **–s**가 붙어 있지만 단수 취급하는 것이 특색이다.

편지가 없다는 것은 무고하다는 증거다. 서울에 유학한 자식으로부터의 편지는 십중팔구 돈 보내라는 소식이 고작이다.

한편, ▶ **Bad news travels quickly**. 즉, "발 없는 말이 천 리 간다." 로서 향기롭지 못한 **scandal**은 일으키지 않도록 조심. 마누라의 부정을 제일 늦게 아는 사람은 남편이라는 말도 있다.

▶ 나쁜 소문은 빨리 여행한다.

NEWS는 사방에서 모여든다고 해서 **North, East, West, South**의 앞머리를 따 모아 만들었다는 익살스러운 말을 한 사람이 있다. 물론 어원(語源)상으로 근거가 있는 설은 아니다.

No rose without a thorn.

가시가 없는 장미는 없다.

앞머리에 **There is** ~가 생략된 형태이다. **Every roses has its thorns.**라고 해도 마찬가지이다.

이 속담에서의 **rose**(장미)와 **thorn**(가시)이 상징하는 바는 인간 사회에서 여러 가지 형태로 나타난다. 여자의 미색, 달콤한 유혹이나 허욕이 rose라면 그 결과인 쓴 잔이 thorn이 된다.

장미와도 같은 미색에 혹해서 가시보다도 더 뼈아픈 고난을 겪은 이야기로 유명한 예는 구약성서에 등장하는 장사 삼손(**Samson**)이다. 적의 앞잡이 데릴라(**Delilah**)의 미색에 빠져 세 번이나 기만당하면서도 끝내는 적의 수중에 잡혀 눈이 뽑히고 돌절구를 끄는 비참한 꼴이 되었다.

이 속담은 "귀가 솔깃한(일확천금의) 이야기는 위험하다."의 경우에도 해당한다. 그리고 별개의 비유로는 다음과 같이 말하기도 한다.

▶ **Honey is sweet, but the bee stings.**

▶ 꿀은 달지만 벌이 쏜다.

병에 든 벌꿀만 사먹는 현대인은 꿀을 따먹다 벌에 쏘이는 아픔을 경험한 사람은 별로 없겠지만 벌집을 쑤신 결과가 얼마나 뼈아픈지는 옛날 사람이나 당해본 일이다. 그러기에 옛날 싸움에서는 벌집(**beehives**)을 적의 진중에 던져 넣는 전법까지 개발된 바가 있다. 여담이지만 전쟁의

명언

Unless a man feels he has a good enough memory, he should never venture to lie.

– Michel de Montaigne

▶ 기억력이 좋다고 생각되지 않는 한 거짓말을 할 엄두를 내지 마라.

몽테뉴(1533~1592)는 **France**의 문인. 그의 **Essay**를 파스칼의 '팡세'와 더불어 일독을 권한다.

거짓말을 해 본 사람에게는 진땀이 흐를 만한 일침이다. 언제 어떤 거짓말을 했는지 순간 순간 기억나는 것이 아니다. 결근을 잘하는 사원이 마누라가 아기를 낳아서 결근했다고 머리를 긁적거렸다. "뭐라고? 자네 3개월 전에도 아내가 아기를 낳아서 결근했다고 했잖은가?" 이 사람의 부인은 3개월마다 아기를 낳는 모양?

천재 나폴레옹(**Napoleon**)은 벌을 무척이나 사랑했다고 한다.

A cat may look at a king.

고양이라고 임금님을 보지 말라는 법은 없다.

하찮은 고양이라고 해서 고귀한 임금님을 쳐다봐서는 안 된다는 법이 어디 있느냐는 평등론(平等論)을 내세운 속담이다.

그러나 옛날 우리 나라 백성은 서양의 고양이보다 못했는지 임금님

명언

The die is cast.

- Julius Caesar

▶ 주사위는 던져졌다.

로마 제국의 용장으로서 클레오파트라에게 아기까지 낳게 한 줄리어스 시저(**Julius Caesar**:기원전 100~44)의 말이다.

시저가 강대해지는 것을 겁낸 폼페이우스 일당이 원정 중의 시저를 제거하려 했다. 이 사실을 안 시저는 결단을 내려 루비콘(**Rubicon**)강을 도강해서 군대를 회군, **Rome**에 입성함으로써 권력을 잡았다. 루비콘강을 건널 때 그는 이 말을 했다고 한다. 원어는 **Jacta aleaest!** 이 고사에 연유해서 **cross the Rubicon**이라고 하면 '결단을 내리다'의 뜻으로 쓰인다. 비슷한 표현에 **To burn one's boat**. (스스로의 배를 불태운다.)라는 것이 있다. 자기가 타고 온 배를 불지르고 상륙한 이상 퇴각할 수는 없다. 동양전법의 배수진(背水陣)과 같은 것.

의 행차시에는 길에 엎드려 감히 고개를 들 수 없게 되어 있었다. 이런 속담만으로도 미루어 보건대 역시 옛 유럽인들이 한결 민주적이었나 보다.

▶ **A dog has a good look at the bishop.** 이라는 것도 있다.

▶ 개는 주교를 잘 본다.

서양의 주교도 여간 높은 계급이 아니다. 특히 **archbishop**이라고 **arch-**(大의 뜻)가 붙으면 **Archbishop of Canterbury** (캔터베리 대주교)라고 해서 수상급과 동렬이었다. 즉, 사람으로서는 똑바로 쳐다볼 수 없는 대주교를 개는 아무런 거리낌없이 찬찬히 들여다 볼(**good look**)수 있다는 뜻.

There is no accounting for taste.

취향을 말로 설명할 수 없다.

"평양감사(平壤監事)도 저 싫으면 그만이다."라고 아무리 좋은 자리도 자기 마음이 내키지 않으면 마다하는 것이 인간이다. 마찬가지로 집문서, 땅문서는 물론 마누라까지 잡혀먹으면서도, 노름이라면 사족을 못쓰는 도박(**gambling**)성을 아무리 이론 정연하게 타일러본들 통하지가 않는다.

요즈음은 엄동설한(嚴冬雪寒)에도 저수지에 나가 앉아 얼음 구멍을 뚫고 붕어를 낚아내는 낚시가 유행인데 광적인 그런 취미가 없고서는 엄두를 못낼 일이다. 옛날의 어느 현감(縣監)이 심심하면 좌수(座首)의 볼기를 때리는 악취미가 있었던지, "심심하면 좌수 볼기 때린다."라는 우리 속담이 생겨나기도 했다.

각설하고, **There is no ~ing**의 형태는 '~할 수는 없다'의 의미로, **It is impossible to** ~와 같은 뜻이다. **account for**는 '충분히 설명하다.', **taste**에는 '맛'의 뜻 외에 '취미, 취향'의 뜻도 있다. 이 속담의 변형에는 몇 개가 더 있는데 의미하는 바는 대동 소이해서 세상 사람들 중에는 별난 취미를 지니고 있는 사람도 많으나 그런 취미를 일일이 납득이 갈 만큼 설명하기는 어렵다는 내용이다.

▶ **There is no disputing for tastes.**

▶ **Tastes differ.**

▶ **One man's bitter is still another man's sour.**

▶ 취미에 관해서 의논을 교환할 수는 없다.

▶ 취미도 각각.

▶ 한 사람에게 쓴 것이 다른 사람에게는 시기도 하다.

명언

We read to say that we have read.

- C. Lamb

▶ 읽어 봤다고 말하기 위해서 우리는 읽는다.

유명한 수필가인 **Charles Lamb**(1775~1834)의 말이다. 그의 수필집 '엘리야 수필'은 언제고 꼭 읽어 보도록. 읽어 봤다고 말하기 위해서가 아니라.

"베스트 셀러로 화제가 되고 있는 책이니 나도 한 번, 또는 남의 축에 빠지면 안 되니까."와 같은 동기에서 책을 읽다가는 "나는 '로미오'는 읽어 봤지만 '줄리엣'은 아직 안 읽었다."는 얼간이가 되기 쉽다. 독서란 인격의 장식품이 아니다. 지적인 욕구에서 진지하게 읽는 책이야말로 읽는 가치가 있다. 전집물을 서재의 장식으로 한 트럭 사들였다는 어느 벼락부자는 "읽어 봤다는 말을 하기 위해 읽었다."는 사람보다도 못하다.

Reading maketh a full man. (독서는 완전한 인간을 만든다.) '베이컨'의 말.

A wonder lasts nine days, and then the puppy's eyes are open.

의아심이 아흐레 지속되고 나서, 강아지는 눈이 뜨인다.

여기에서의 **last** 는 동사로 '지속한다'는 뜻이다. 그리고 '강아지'의 뜻인 **puppy**는 실은 **people**(백성)을 암시하는 말로서 위정자의 의아스러운 처사에 아흐레는 모른 척하지만 열흘째부터는 눈이 뜨여 더 이상은 기만당하지 않는다는 내용을 내포하고 있다. 그리고 실제로 강아지나 새끼고양이는 아흐레가 지나야 눈이 보인다고 한다.

이와 비슷한 말을 '캔터베리 이야기'의 저자 제프리 초서(**Geoffrey Chaucer**:1343~1400)는 다음과 같이 말하고 있다.

▶ **A wonder lasts but nine nights**.

▶ 의아심은 아흐레 밤만 지속될 뿐이다.

그러나 이것도 현대에 와서는 주간지(週刊誌)의 수명인 7일 정도밖에 지속되지 않는다. 선거법 위반이다, 뇌물 사건이다, 스캔들이다 해서 매스컴에 두들겨 맞더라도 꿀먹은 벙어리처럼 꾹 참고 침묵을 지키고 있으면 그 일을 잊게 하는 사건이 계속 일어나 줄 것으로 믿는 태평한 사람도 있다.

Among the blind, the one-eyed is king.

장님들 나라에서는 애꾸눈이 왕이다.

호랑이 없는 동산에서는 여우가 왕노릇을 한다. 정상적인 인간사회에서는 병신 취급을 받는 애꾸눈도 장님들의 나라에서는 앞을 볼 수 있는 것은 자기뿐이므로 능히 큰소리를 칠 만하다.

개화기(開化期)에는 역관(譯官)으로서 지금의 중 3 정도의 영어 실력만 갖고도 대신들 앞에서 양코배기와 국사를 논할 수 있었을 것이고, 여성들만이 사는 섬에 표류한 사나이는 비록 언청이에 곰보딱지라도 진시황에 버금가는 영화를 누릴 수 있는 것이다. 반대로 부촌(富村)에서는 웬만한 사장님으로서는 기가 죽어 영주할 수가 없다.

각설하고, "잭은 한쪽 눈이 멀었다."는 **Jack is blind of an eye**.라고 하나, "잭은 왼쪽 눈이 멀었다."라면, **Jack is blind in his left eye**.가 된다. 뒤에 오는 말에 따라 전치사가 **of**가 되기도 하고, **in**이 되기도 한다.

A hungry man is an angry man.

배가 고픈 사람은 화가 난 사람이다.

사람은 배가 고픈 상태에서는 화가 쉽게 동하는 법이다. 저녁상이 늦는 것이 부부싸움의 원인이 되는 것은 종종 있는 일이다.

금강산도 식후경이라고 했지만 물고기를 낚기 위해 하루종일 꼼짝도 하지 않고 앉아 있다가도 생선을 굽는 단계에서는 10분도 못 기다리는 사람도 있다. 아무리 과격파라도 배불리 먹여 놓고 이야기를 시켜보면 그 논조가 한결 부드러워진다.

▶ **Hungry bellies have no ears**.

▶ 시장한 배에는 귀가 없다.

라고도 하지 않는가. 에머슨(**Emerson**)도 이렇게 말한다.

▶ **Man are conservative after dinner**.

▶ 인간이란 식사 후에는 보수적이다.

오스카 와일드(**Oscar Wilde**) 역시 이러한 논조에는 동감인 모양이어서 다음처럼 말하고 있다.

▶ **After a good dinner, one can forgive anybody, even one's own relative**.

▶ 배불리 먹고 나면 사람이란 누구라도 용서할 수 있다. 비록 자기 친척이라도.

사촌이 땅을 사면 배가 아프지만 내 배가 부르면 덜하다는 뜻.

A chain is no stronger than its weakest link.

쇠사슬의 강도는 가장 약한 한 고리에 달렸다.

아무리 강력한 쇠사슬이라도 그 중의 고리 하나가 허약하면 별 소용없이 그곳에서 끊기고 만다. 마찬가지로 아무리 철옹성 같은 방비라도 허술한 구멍이 있으면 함락되게 마련이다. 고사에 나오는 '아킬레스의 발뒤꿈치(**Achilles' heel**)'의 경우도 마찬가지이다. 불사신인 그도 유일한 약점인 발꿈치에 화살을 맞고 죽었다.

이 이치는 한 사회나 국가로 확대해 봐도 적용된다. 국민 전체가 고루 건실하고 잘 살아야지, 버림받은 계층이 생기면 이로 인해 쉽게 와해된다.

Give a dog a bad name and hang him.

개에게 오명(汚名)을 씌우는 것은 그 개를 교살하는 것과 같다.

"저 개는 사람을 문다.", "저 개는 미친 개이다."라고 아무리 사실무근한 말일지라도 자꾸 퍼뜨리면 그 개는 목졸려 보신탕감이 되기 쉽다. 인간사회에서도 마찬가지로 어느 특정인을 나쁘게 자꾸 모략하면, "아니 땐 굴뚝에 연기 나랴?" 세상 사람은 반신반의, 어느덧 그 말을 믿게 된다.

이와 맥을 같이하는 속담에 다음과 같은 것도 있다.

▶ **Fling dirt enough and some will stick.**

▶ 진흙을 마구 던지면 누구엔가 얼마간은 묻는다.

즉, 흑색선전에 열을 올리면 피해자가 생기게 마련, 그래서 우리 조상은 "세 사람만 우겨대면 없는 호랑이도 만들어낸다."라고 갈파했다. 이 원리가 전체주의 국가 선전 책임자들의 무기로 사용되고 있다.

A new broom sweeps clean.

새 빗자루가 깨끗이 쓸린다.

* **broom** [bru:m] 빗자루.

빗자루를 사람에 비유했다. 회사든 군대든 신참자가 부지런히 일을 잘한다. 그러나 고참이 되고, 노병이 되면 요령이 생기고 헌 비처럼 웬만한 일에는 손을 대려 하지 않는다. 그리고 새색시 때는 그렇게도 상냥하고 바지런하던 며느리가 자식을 두엇 낳더니 시어머니에게 주방 심부름을 시킨다.

명언

None are more taken in by flattery than by the proud.

- Spinoza

▶ 자존심이 강할수록 아첨의 밥이 된다.
* **flattery** [flǽtəri] 아첨, 차렛말.
* **take in by** …로 속이다.

"아아, 아름다운 자태여, 아마도 그대의 목소리도 그 아름다운 자태처럼 아름다우리라, 어디 노래를 한 곡조……. " 청산유수와 같은 **Fox**(여우)의 아첨에 그만 깍! 하고 입을 벌렸다가 입에 물고 있던 고깃덩이를 빼앗긴 **Mrs. Crow**(까마귀 양)의 이야기가 **Aesop's Fable**에 나온다. '저렇게 아름다운 미인이 어떻게 저 여우처럼 생긴 사나이와 결혼을……' 이라고 이상하게 생각할 때 스피노자의 말이, **Aesop**의 우화가 진리임을 깨닫게 된다.

어떤 사람(특히 여성)에게도 자존심이나 자만심은 있다. 그 급소를 아첨이라는 바늘에 찔리면 큰일이다. 일생을 망칠지도 모른다.

Death is the grand leveller.

죽음은 위대한 평등주의자이다.

죽음 앞에는 부(富)나 사회적인 지위의 고하가 모두 평등하게 다루어진다. 아무리 거부(巨富)라도 사신(死神)에게 뇌물을 쓸 방도가 없으며, 천하를 호령하는 고관대작(高官大爵)이라 할지라도 사신을 겁줄 수는 없다.

인간사에 너무나 밝은 문호 셰익스피어는,

▶ **Golden lads and girls all must,**
As chimney-sweepers, come to dust.

▶ 한창 때의 청춘 남녀도 굴뚝 청소부와 마찬가지로 흙이 된다.

Happy is the country that has no history.

역사(歷史)가 없는 국가는 행복할진저.

반만년의 찬란한(?) 역사를 자랑하는 우리로서는 언뜻 이해가 가지 않는 속담일 게다. 그러나 이 속담에서는 매정할 정도로 인간사회의 역사라는 것을 까내리고 있다. 즉, 역사라는 것이 인간사회의 비극이나 죄악의 기록이라면 그런 역사는 기록할 만한 것이 없는 나라일수록 행복하다는 뜻인 것이다. 그리고 여기에서의 **history**는 **history book**(史書)을 의미한다.

영국의 역사가 토머스 칼라일(**Thomas Carlyle**) 은 몽테스키외의 말을 다음과 같이 인용하고 있다.

▶ **Happy is the people whose annals are blank in history.**

▶ 역사의 기록이 공백인 국민은 복될진저.

특기할 만한거나, 급히 기별을 할 만한 사건이 없다는 것은 다행한 일이라는 관점에서는 다음 속담도 그 맥을 같이 한다고 볼 수 있다.

▶ **No news is good news.**

▶ 무소식이 희소식이다.

Dog does not eat dog.

개는 개를 먹지 않는다.

옛날부터 동물의 세계에서는 같은 짐승끼리는 서로를 해치지 않는 것으로 믿어져 왔다. 그러나 인간사회는 다르다. 카인이 동생 아벨을 죽인 원죄 이후, 인간이 인간을 살육하는 크고 작은 쟁투(爭鬪)가 끊인 날이 없었다.

이 속담은 서로 다투고 싸우는 동족이나 형제를 훈계할 때 자주 인용된다.

Ill weeds grow apace.

잡초는 빨리 자란다.

Weed[wíːd]는 '잡초', **ill**이 붙어서 아주 '악성적인 잡초'가 되겠다. 그리고 **apace**[əpéis]는 시적인 용어로 '신속히'의 뜻. 이 속담은 인간사회에서 악(惡)이 얼마나 신속히 만연하는가를 비유하고 있다. 셰익스피어의 희곡 '리처드 3세'에 다음과 같은 구절이 있다.

▶ **Sweet flowers are slow and weeds make haste.**

▶ 향기 높은 꽃은 그 생장이 늦고, 잡초는 빠르다.

The weakest goes to the wall.

가장 허약한 자가 담벽 쪽으로 간다.

여기에서 **go to the wall**은 길 한복판에서 담벽 쪽으로 밀려난다는 뜻이다. 즉, 길의 중앙부에는 강자들이 판을 치고 약한 자는 맥을 못추게 됨을 의미한다.

쉽게 말해서 사회에서는 약육강식(弱肉强食)의 법칙이 통한다는 비유이다. 심하게 말하면, '법은 멀고 주먹은 가까운'것, 허약한 자는 음으로 양으로 강한 자의 횡포를 면할 수가 없는 것이다.

다시 셰익스피어를 들먹이지만 그의 슬픈 러브 스토리 '로미오와 줄리엣'에는 다음처럼 이 속담이 인용되고 있다.

▶ **That shows thee a weak slave. For the weakest goes to the wall.**

▶ 그건 네가 허약한 자라는 증거이다. 허약한 자는 도태되게 마련이지.

* **thee** you의 고어, 방언

사회 각국의 속담

▶ **He that betrays one that betrays him not, Allah shall betray him.** – *Arabia*

나를 배반하지 않는 사람을 배반하면 알라신이 그 인간을 배반한다.

▶ **You'll beguile none but those that trust you.** – *Wales*

인간은 자기를 믿는 자만을 기만한다.

▶ **To be kind to the wolf is to be cruel to the lamb.** – *Iran*

이리에게 친절하다는 것은 양에게는 잔혹한 것이 된다.

▶ **To know a man is not to know his face, but to know his heart.** – *China*

인간을 안다는 것은 그의 얼굴을 안다는 것이 아니라 그의 마음을 아는 것이다.

▶ **A whole nation often pays for the folly of one man.** – *Germany*

때때로 한 인간의 어리석음 때문에 전체 국민이 대가를 지불한다.

▶ **Kill one, a murderer. Kill thousands, a hero.** – *India*

한 사람을 죽이면 살인자, 수천 명을 죽이면 영웅.

▶ **It is a fine thing to die for one's fatherland, but a still finer to live for it.** – *Hungary*

조국을 위해 죽는 것은 좋은 일이나, 조국을 위해 사는 것은 더 좋은 일이다.

▶ **At planting time one labours alone. At harvest, friends are all around.** – *New Zealand*

심을 때는 혼자 수고하고, 거두어들일 때는 주위에 친구들이 많다.

▶ **Justice, like oil, will come to the surface, however deeply you have sunk it.** – *Russia*

정의란 기름과 같아서 아무리 깊이 잠기게 해도 표면에 떠오른다.

Check Up 영작연습

161 근심 걱정은 고양이도 죽인다.

162 만족은 크나큰 재산이다.

163 근면은 행운의 어머니이다.

164 행운은 즐거운 대문으로 들어온다.

165 우선 결혼하고 나면 사랑은 싹튼다.

166 급히 결혼하고, 천천히 후회하라.

167 먹을 것이 족하면 슬픔도 삭는다.

168 어떤 구름에도 은빛 테두리는 있다.

169 나에게 자유가 아니면 죽음을 달라.

170 무엇인가를 성취하기 위한 부단한 노력.

Key Word

161 kills.
162 contentment.
163 diligence, fortune.
164 fortune, merry gate.
165 marry, follow.
166 haste, repent.
167 sorrows, bread.
168 silver lining.
169 liberty, death.
170 constant, accomplish.

Answer

161 Care kills a cat.
162 Contentment is great riches.
163 Diligence is the mother of good fortune.
164 Fortune comes in by a merry gate.
165 Marry first and love will follow.
166 Marry in haste, repent at leisure.
167 All sorrows are less with bread.
168 Every cloud has silver lining.
169 Give me liberty or give me death.
170 constant effort to accomplish anything.

171 번쩍이는 것이라고 모두 금은 아니다.

172 호랑이도 제 말을 하면 온다.

173 남이 해 주기를 바라는 바를 남에게 행하라.

174 '호머'라 할지라도 때로는 존다.

175 정직은 최상의 정책이다.

176 배가 고픈 사람은 화가 난 사람이다.

177 무소식이 희소식이다.

178 가시가 없는 장미는 없다.

179 고양이라고 임금님을 보지 말라는 법은 없다.

180 취향을 말로 설명할 수 없다.

Key Word

171 gold, glitters.
172 devil, appear.
173 would be done by.
174 sometimes.
175 honesty, policy.
176 hungry, angry man.
177 news.
178 rose, thorn.
179 cat, look at.
180 accounting.

Answer

171 All is not gold that glitters.
172 Talk of the devil, and he will appear.
173 Do to others as you would be done by.
174 Even Homer sometimes nods.
175 Honesty is the best policy.
176 A hungry man is an angry man.
177 No news is good news.
178 No rose without a thorn.
179 A cat may look at a king.
180 There is no accounting for taste.

Proverbs & Wise Sayings

12 여성에 관한 속담

A woman is a weathercock.

여자의 마음은 갈대 같은 것.

직역하면 "여자는 바람의 방향을 가르키는 닭이다." 인데, 여기의 **weather+cock,** 즉 '날씨닭'이란 서양의 가옥 지붕 위에 풍향을 알기 위해 장치한 닭 모양의 풍향계를 뜻한다. 이 풍향계는 사소한 바람의 방향에 따라 수시로 방향을 바꿈으로 믿음성 없는(**inconstant**) 사람을 비유하는 말로 쓰이기도 한다.

노래에도 '갈대와 같이 변하는 여자의 마음'이라는 구절이 있지만, 우리 속담에도 "열 번 찍어 아니 넘어가는 나무 없다."라고 해서 여자의 마음의 불안전성을 경고하고 있다.

그밖에도 여성의 마음이 변하기 쉬움을 경고하는 속담과 격언은 많다.

▶ **Women are as wavering as the wind.**

▶ 여자는 바람만큼이나 잘 흔들린다.

* **wavering** 흔들리는, 펄럭이는.

▶ **The easiest way to change a woman's mind is to wait silently for five minutes.**

▶ 여자의 마음을 바뀌게 하는 가장 쉬운 방법은 잠자코 5분간 기다리는 것이다.

쇼핑, 식사, 피서 등 여러 가지 결정에서 여성의 주장에 남성(남편이든 애인의 처지든)이 찬동할 수 없을 때 입 밖에 내어 반대하는 것은 어리석은 일이다. 5분간만 잠자코 있으면 제풀에 마음이 변해서 남성이 바라는 방향으로 결론이 날 수도 있다는 이야기.

보험의 세일즈맨(**insurance salesman**)이 어느 남자에게 보험 들기를 권하며 이렇게 말했다.

▶ **"How would your wife carry on if you should die tomor-**

▶ 만약 당신이 내일이라도 작고하신다면 부인께서 어떻게 살아가시겠습니까?

row?"

▶ "I don't reckon that would be any concern of mine so long as she behaves herself while I'm still alive."

아마도 이 양반의 아내는 남편이 멀쩡하게 살아 있는데도 바람기가 다분한 모양이다.

▶ 그런 거 나와 무슨 상관이 있소. 내가 살아 있는 동안이라도 행실이 굳으면 더 바랄 것이 없소.

* behave oneself 얌전히 행동하다.

A woman is the weaker vessel.

여성이란 깨지기 쉬운 것.

본문의 **weaker vessel**은 '깨지기 쉬운 그릇'의 뜻이다. 여기의 **vessel**은 성서에서 천차만별의 성질이 담기는 용기(容器)로서의 인간을 지칭하는 말이다.

여성의 허약함을 나타내는 말로 셰익스피어의 '햄릿'(**Hamlet**) 중에 나오는 유명한 말이 있다.

▶ **Frailty, thy name is woman**!

▶ 약한 자여, 그대의 이름은 여성이니라!

여기에서의 **frailty**는 육체적인 허약함이 아니라, 유혹에 동하기 쉽고, 과오를 쉽게 범하는 마음의 허약함이다. 햄릿 왕자가 아버지가 횡사한 후 왕위를 찬탈한 숙부에게 곧장 재혼한 그의 어머니를 비난하는 말이다.

그러나 **weaker vessel**로 상징되던 **woman**도 세월이 흐름이 따라 **stronger vessel**로 변하고 있는 것 같다.

나일론 양말이 발명된 이래 "여자와 양말이 질겨졌다."는 남성들의 푸념은 옛날 이야기고, 여성 상위 시대의 개화(開花)는 눈부시다. 바야흐로 슈퍼우먼(**superwoman**)시대여서 만화나 **TV**에서의 원더 우먼(**Wonder Woman**)과 같은 여성들의 진출이 암시하는 바가 크다.

Beauty is but skin-deep.

미인이란 다만 살갗 한 겹 차이이다.

미인이란 좋은 것이다. 여성이란 하나 빠짐없이 미인이기를 바란다. **Cleopatra**도, 양귀비도, 노국공주도 그 아름다움으로 해서 한 나라가 기울 만한 위세를 떨쳤다. **Edward** 8세는 **Simpson**부인의 아름다움에 왕위를 버렸고, 미국의 우아한 여배우 **Grace Kelley**는 왕비가 되었다. 한때 미국이 전대미문의 불경기에 빠졌을 때도 **beauty industry**

명언

I disapprove of what you say, but I will defend to the death your right to say it.

- Voltaire

▶ 나는 당신의 의견에 반대이다. 그러나 당신이 그것을 말하는 권리는 죽음으로써 지키겠다.

Disapprove of ~는 '~을 인정하지 않는다, 불찬성이다.' **To the death** '죽어도'(**to**는 정도를 나타낸다.)

이 말은 **Voltaire, Francois-Marie Arouet**(1694~1778)의 말이다. 가히 민주주의의 '에센스'인 언론자 유의 묘를 찌른 말이다. 비록 자기와는 반대 의견이나 정적(政敵)인 그의 발언권만은 죽음으로써 지켜주겠다는 내용이다.

조금이라도 반대하는 의견을 입 밖에 냈다가는 쥐도 새도 모르게 숙청되거나 강제 수용소로 끌려가는 전체주의 국가와는 선명한 대조를 이룬다.

(화장품 같은 여성용품 제조업) 만은 번창했다고 한다.

그러나 미모라는 것도 생각하면 허무한 것이다. 고작해야 얼굴 부분의 살갗 한 겹에 좌우되니 말이다. 그리고 연령이나, 병 등 사소한 일로도 **ugly**가 되고 만다. 눈 끝의 잔주름(영어로는 **crow's foot**=까마귀의 발자국)이 생기기 시작하면 그 부분의 살갗을 떼어내고 피부 이식이라도 하고 싶어진다.

한편 미모를 갖춘 여성이라고 반드시 행복을 누릴 수 있다는 보장은 없다. 오히려 동양에서는 '미인박명(美人薄命)'이라는 관념이 지배적이다. 미인일수록 뭇 남성의 유혹이 극심한 까닭이리라.

"일색(一色) 소박은 있어도 박색(薄色) 소박은 없다."고 했고, "장작불과 계집은 들쑤시면 탈난다."고 우리의 조상들은 속담을 지어 장담했다.

갓 결혼한 신혼부부가 미혼 시절의 앨범을 보여주고 있었다. 남편의 앨범 속에서 예쁜 아가씨들의 사진을 발견한 아내는 열등감을 느끼면서 이들 미인들이 모두 총각 시절의 걸프렌드냐고 물었다. 그러자 남편은 다정한 미소를 띄우며 이렇게 대꾸했다.

▶ **"Oh yes, pretty girls are all right to take out, but a man nearly always settles down with somebody plain."**

▶ 그렇소. 예쁜 여자들이란 밖으로 데리고 다닐 때는 좋지만, 대부분의 남성은 평범한 사람과 살림을 꾸리게 마련이라오.

그러니 천하의 미혼녀들은 너무 미인되기에 골몰해서 화장품 회사의 주머니를 불려 줄 필요는 없겠다.

Three women make a market.

여자 셋이면 시장을 이룬다.

한자에서 '계집녀(女) 셋'을 포개어 간사하다는 뜻의 간(姦)자를 만든 것과 우연의 일치치고는 기가 막히게 들어 맞는다. 요는 여성들이 말이 많은 것을 나타내는 속담인데 그 도가 지나치면 "세 사람만 우겨대면 없는 호랑이도 만들어낼 수 있다."는 위력(?)을 발휘한다.

한편 이 속담에는 시끄러운 날짐승의 대표격인 거위(**goose**)를 끌어들인 변형도 있다.

▶ **Three woman and a goose are enough to make a market.**

▶ **Where there are women and geese, there is no want of noise.**

▶ 여자 셋과 거위 한 마리면 시장을 이루기에 충분하다.
▶ 여자와 거위 몇 마리면 시끄럽지 말래도 시끄럽다.

그러나 여성들이 모이면 시끄럽도록 말이 많아지는 것은 남성에게 짓눌린 스트레스의 해소라고 풀이하는 심리학자도 있다.

명언

Some people are always grumbling because roses have thorns. I am thankful that thorns have roses.

\- Karr

▶ 장미에 가시가 있음을 늘 불평하는 사람이 있다. 나는 가시에 장미가 있음을 감사한다.
* **grumble** [grʌmbl] 투덜거리다.

Alphonse Karr(1808~1890)는 **France**의 작가. 유명한 **Figaro**지의 편집장을 지냈다.

만사는 '포인트'를 어디에 두느냐에 달려 있다. 병에 걸려 눕게 되면 하느님이 휴양하라는 것으로, 시험에 낙방하면 다른 경쟁자를 합격시켜주기 위해서라고 생각하면 마음이 편하다. 부모는 복통할 노릇이지만.

F. H. Bradley는 **The world is the best of al possible world.**(이 세상은 모든 가능한 세상의 최고이다.)라고 생각하는 것을 **optimism**(낙천주의)이라고 말하고 있다.

A fair face is half a fortune.

아름다운 용모는 재산의 절반이다.

나머지 절반은 각선미(脚線美)일 것이라고 지레 짐작을 해서는 못쓴다. 하여간 여성에 있어서 미모라는 것은 크나큰 밑천임에는 틀림없다. 물론 현대에 와서는 다리나 가슴도 1/3가량의 재산으로 평가되기도 하지만 상반신의 사진은 몰라도 하반신의 사진을 맞선용으로 배부했다는 소문은 들은 바가 없다. 역시 재산은 위쪽의 비중이 큰 몫을 차지한다.

그런데 세상에는 미모가 전재산인 사람도 적지않다. 이것은 재산의 관리상으로도 극히 위험하다. 성형수술이 잘못 되거나, 아파트 한 채라도 장만하기 전에 폭삭 늙어버렸다가는 만사는 끝장이다. 역시 재산의 삼분법(三分法)이라는 것은 여기에도 적용되어야 할 것 같다. 즉 외모, 교양, 재물(財物)의 셋이 그것이다.

▶ **Don't put all your eggs in one basket.**
이라는 속담이 있다.

▶ 계란을 한 광주리에 모두 담지 말라.

Fine feathers make fine birds.

아름다운 깃털이 아름다운 새를 만든다.

"옷이 날개다.", 속이야 어찌 되었든 잘만 가꾸면 그럴싸한 미인으로 둔갑(?)하는 것이 여성이다. 물론 클레오파트라 이래 여성들의 둔갑술의 밑천이 되어 온 화장품도 **fine bird**로 조작할 수 있는 **fine feather**의 구실을 한다. 그래서 "집과 계집은 가꾸기 탓"이라고 했다.

단, 공작이나 앵무새처럼 **fine feather**로 치장한 새가 과연 카나리아처럼 아름다운 울음을 울 수 있느냐 하면 그 반대일 경우가 많다.

A woman is an angel at ten, a saint at fifteen, a devil at forty, and, a witch at four score.

여성이란 10세에는 천사, 15세에는 성녀(聖女),
40세가 되면 악마로 둔갑하고, 80세쯤 되면 마녀가 된다.

* **score** [skɔːr] 점수, 악보, 20.

지독하지만 속담치고는 빈틈없는 묘사이다. 우리만 그런 줄 알았더니 코 큰 서방님들도 극성맞은 아내에게는 당해 낼 재간이 없는 모양이다.

명언

There are more things in heaven and earth, Horatio, than are dreamt of in your philosophy.

- Shakespeare : Hamlet

▶ 이 천지간에는 자네의 철학으로는 꿈도 못 꿀 많은 일이 있다네. 호레이쇼여.

'햄릿'이 친구인 철학자 '호레이쇼'에게 한 유명한 말이다. 문호 **Shakespeare**는 영국인이 그들의 식민지였던 **India**와도 바꿀 수 없다고 말할 만큼 실로 오묘한 말을 많이 남기고 있다.

달에 가고, 화성까지 정복하려는 인류이지만 자살을 택할 수밖에 없으리만큼 심각한 일들이 개개인에게 있다.

이 염세적인 말은 지식을 탐구하는 젊은 대학생들에게 학문과 인생에 대한 회의를 느끼게 하는 모양이다. 옛날의 대학생들은 자주 이 말을 입에 올리곤 했었다.

아닌게 아니라 잡아먹을 듯이 이를 드러내고 영감을 윽박지르는 할머니를 보면, 과연 저 할머니에게도 수줍고 순결하던 성녀와 같은 처녀 시절이 있었나 의심스러워진다.

우리의 조상들도 얼마나 여성들에게 시달렸는지 (여성 독자에게는 실로 죄송하지만) "여자는 사흘만 안 때리면 여우가 된다."라는 속담을 지어 자손들에게 미리 대비시켰다.

내친 김에 여성을 경계하고 헐뜯는 세계 각국의 속담을 모아보겠다.

▶ The tongue of a woman is her sword which never rusts. – *Japan*

▶ 여성의 혀는 녹스는 일 없는 칼이다.

▶ Never trust a woman, even if she has born you seven children. – *Japan*

▶ 비록 자식을 일곱을 낳더라도 여자를 믿지 말라.

▶ Mistrust a woman who talks of her virtue. – *France*

▶ 스스로의 정조를 장담하는 여성은 믿지 말라.

▶ The smiles of a pretty woman are the tears of the purse. - *Italy*

▶ 미인의 미소는 내 지갑의 눈물.

▶ Satisfy a dog with a bone and a woman with a lie. - *Spain*

▶ 개는 뼈다귀를 주어 만족시키고, 여자에게는 거짓말로 만족시켜라.

▶ If a bad man is like a devil, a bad woman is like an entire hell. – *Denmark*

▶ 사악한 남성이 악마같으면, 사악한 여성은 지옥 전체에 필적한다.

▶ Do not trust the dog that sleeps, the jew who swears, the drunken man who prays, and the woman who weeps. – *Poland*

▶ 잠자는 개를 믿지 말듯이, 맹세하는 유태인을, 술주정뱅이의 기도를, 그리고 여성의 눈물을 믿어서는 안 된다.

▶ The peasant wants land ; the nobleman honors ; the soldier war ; the merchant money ; the farmer peace ; the artisan work ; the painter beauty ; and woman the whole world. – *Poland*

▶ 소작인은 땅을 원하고, 귀족은 명예를, 병정은 전쟁을, 상인은 돈을, 농부는 평화를, 직공은 일을, 화가는 아름다움을 원하나 여성은 세계 전체를 원한다.

▶ Even the best of woman has still a devil's rib in her. – *Rumania*

▶ 최상의 여성이라도 지금 악마의 갈비뼈를 몸 속에 지니고 있다.

▶ The wise man only sees in woman's tears water in the eyes. – *Russia*

▶ 현명한 남성은 여성의 눈의 눈물 속의 물만 본다.

▶ A beautiful woman is paradise for the eye, the soul's hell, and purgatory for the purse. - *Russia*

▶ 미인이란 눈에는 극락이요, 정신적으로는 지옥이며, 지갑에게는 연옥이다.

명언

There is no royal road to learning.

- Euclid

▶ 학문에 왕도는 없나니.

프톨레마이오스 1세(**Ptolemios I**)라고 하면 기원전 3세기경 '알렉산드리아' 시대에 살았던 그리스의 유명한 임금님이시다. 이 대왕의 학문을 지도한 가정교사(?)가 유명한 기하학자 **Euclid**로서 당시의 '무세이온' 대학에서 수학을 강의했었다.

그런데 성질이 급한 **Ptolemios I** 세는 너무나 지루한 학문에 역정이 나서 무엇인가 왕만은 손쉽게 배울 수 있는 비결이 없겠느냐고 물었다. 그러자 **Euclid**는 **"There is no royal road to learning."**이라고 대꾸했다고 한다.

옳은 말이다! 임금이든, 부자든 가난뱅이든 수학은 1+1=2로부터, 영어는 **ABCD**부터 배워 나갈 수밖에 도리가 없다.

여성 각국의 속담

▶ **Saying "No", a woman shakes her head lengthwise.** – *Japan*

부정을 하면서 여성은 고개를 끄덕인다.

▶ **A hen that crows and a woman who knows Latin never come to a good end.** – *Spain*

홰를 치며 우는 암탉과 라틴어를 아는 유식한 여성은 끝이 좋지 않다.

▶ **Even a fifty-tongued man cannot equal a single-tongued woman at abusing.** – *Italy*

험담을 하는 데는 50개의 혀를 가진 남성이 하나의 혀를 가진 여성을 당하지 못한다.

▶ **It is better to put out to sea in a leaking boat than to entrust a secret to a woman.** - *Russia*

여인에게 비밀을 맡기는 것보다 물이 새는 배를 타고 바다에 나가는 것이 낫다.

▶ **Do not wish for any other blessing than a good wife and rich soup.** – *Russia*

착한 아내와 진한 수프 외에 다른 은총을 바라지 말라.

▶ **When the hen crows the house goes to ruin.** – *Korea*

암탉이 울면 집안이 망한다.

▶ **Choose a good mother's daughter, though her father were the devil.** – *Scotland*

비록 그 아버지는 악마라도 그 어머니가 착한 딸을 선택하라.

▶ **No one can live on beauty, but they can die for it.** – *Sweden*

아름다움을 먹고 살 수는 없으나, 아름다움을 위해서 죽는 수는 있다.

▶ **A married man is a caged bird.** – *Italy*

기혼자는 새장에 든 새다.

13 사업에 관한 속담

Make hay while the sun shines.

기회를 놓치지 말라.

직역하면 "해가 비칠 동안 건초를 만들어라."가 된다. 즉 만사에는 때가 있는 법이니 호기(好機)를 놓치지 말라는 뜻이다.

▶ **Strike the iron while it is hot.**

▶ 쇠는 달았을 때 두들겨라.

이라는 변종도 있는데 마찬가지 뜻이다. 단, **iron**의 발음은 [**áiərn**]이다.

사람이란 왜 그런지 해야 할 일을 뒤로 미루는 수가 많다. 편지 답장을 내일로 미루다 보면 한 해가 가고, 세금고지서를 미루다 보면 1할 가산세를 문다.

▶ **Never put off till tomorrow what can be done today.**

▶ 오늘 할 수 있는 일을 결코 내일까지 미루지 말라.

라는 처세훈은 누구나 들어 알지만 요즈음 직장인들은 무척 현실적이어서,

▶ **Never do today what you can put off till tomorrow.**

▶ 내일까지 끌 수 있는 일을 결코 오늘 해버리지 말라.

라는 입장을 견지하는 것 같다.

여담이지만 영국의 어느 기업체 사장이 미국의 큰 공장을 시찰했다. 공장 여기저기에 "**DO IT NOW**!(즉시 행하라!)"라는 게시(**sign**)에 느끼는 바가 있어 귀국하자 자기 공장에도 여러 곳에 이 게시 문구를 걸어 놓았다. 몇 주 후 미국의 친구로부터 게시 문구의 효과가 어떠냐는 전화가 걸려왔다. 이 사장님은 침울한 목소리로 이렇게 대답하는 것이었다.

▶ "I guess it worked. Three typists asked for a raise, the factory workers went on strike, and the bookkeeper ran off with my secretary."

▶ 효과는 있었던 모양일세. 타이피스트 3명이 임금 인상을 요구했고, 공장 직공들은 파업을 시작했는가 하면, 경리직원은 내 비서를 달고 잠적해 버렸다네.

Business is business.

장사는 장사다.

'인정은 인정'으로 끝내야지 인정과 장사를 **mix** 했다가는 큰일이다. "이모 아주머니의 떡도 커야 사 먹는다."고 했다. 장사를 위해서는 피(부모)도, 눈물(애인)도…….

이러한 **A is A**의 표현 방식은 영어에 많다. **Home is home**. (가정은 역시 가정이다. – 오막살이일지라도 즐거운 나의 집.) 또는 **Father is father**. (아버지는 아버지이다. – 나이가 많아서?) 등.

외국에서의 일. 딱딱하기 짝이 없던 여성 법률가가 실연으로 자살했다. 신문기사의 표현이 걸작…….

A woman is a woman.

아무리 냉혹한 법을 다루는 직업을 가진 법률가이나 역시 애정에는 약한 여성이었다는 뜻에서.

우리 나라 사람이 비즈니스(**business**)를 시작하는 태도와 영국인의 그것과는 대조적이어서 흥미롭다. 즉, 우리 나라 사람들은 100이라는 자본이면 은행 빚을 얻든 외상을 지든 1,000에 해당하는 사업을 벌이려 하고, 돌다리도 두들겨 보고야 건너가는 신중한 영국인들은 100이라는 자본이면 50에 해당하는 사업을 벌인다. 위험도가 어느 쪽이 높은가는 자명한 일이다.

Necessity is the mother of invention.

필요는 발명의 모체이다.

necessity는 **necessary**(필요한)의 명사형. "궁하면 통한다(窮則通)." 무엇에 막히면 어떻게든 그 여러움을 타개해 온 것이 인류의 문명이다. 전등, 전신, 전화, 자동차나 항공기 같은 굵직한 발명은 물론이거니와 우리 주변에는 성냥, 못, 가위와 같은 잡다한 발명품이 무수하다.

명언

If Cleopatra's nose had been shorter, the whole face of the earth would have changed.

- B. Pascal

▶ 클레오파트라의 코가 좀더 납작했다면 세계의 역사는 달라졌으리라.

France의 대사상가 **Pascal**의 수상집 '팡세'(**Pansées**)에 나오는 말이다.

강대국 **Rome**의 침략을 저지하기 위해서 젊은 태양의 나라 이집트의 여왕은 '시저'에 몸을 바쳐 아기까지 낳는다. 그러나 시저의 암살의 비보를 앞세운 그 후계자 안토니우스가 쳐들어오자 그 미모와 재치로서 안토니우스의 마음도 사로잡는다. 역사는 **Cleopatra**의 코가 좀더 납작했던들(보기 흉한 여왕이었던들) 그렇게 안이하게 돌아가지는 않았을 것이다.

그러나 세 번째의 '옥타비아누스'는 목석 같은 사나이였던지 무자비하게 쳐들어가 마침내 절세의 미인 **Cleopatra**는 독사에게 스스로를 물려 극적인 죽음을 맞이한다.

슈퍼마켓(**supermarket**)이나 백화점에 가서 물건을 사면 종이 봉지(**paper bag**)에 물건을 넣어준다. 이 **paper bag**은 편지봉투와 같은 형태가 아니고 밑이 평평한 **flat bottom**으로 되어 있다.

이 사소한 **paper bag**이지만 사과봉지와 같은 종전의 결점을 개량해 보려는 한 여성의 고심 끝에 만들어진 것이다. 그 여성은 미국의 **Margaret E. Knight** 여사이다. 그녀는 이미 12살 때 직조기의 자동 정치 장치를 고안하기도 했다.

먹물을 대 속에 저장해 둘 수 있는 필기구의 필요성도 인류의 오랜 꿈이었다.

▶ **Archaeologists had dug up a "fountain" pen, a hollow reed into which ink was poured, from an Egyptain tomb sealed around** 4000 **B.C.**

▶ 고고학자들은 기원전 4000년경에 밀폐된 이집트의 한 무덤에서 "샘(泉)"을 지닌 펜, 즉 잉크를 그 속에 주입하게끔 속이 빈 갈대를 파낸 일이 있다.
* **fountain** 샘, 분수.

이것이 미국인 **Waterman**에 의해서 만년필(**fountain pen**)로 완성되기에 이른 것은 1880년대 초반이었다. 그리고 자크(**chuck**) 또는 지퍼(**zipper**)라고 불리는 편리하고 교묘한 장치는 세 명의 발명가가 계승하여 오랜 시일 끝에 만들어진 것이다.

Rome was not built in a day.

로마는 하루에 이루어지지 않는다.

큰 사업을 이룩하는 데는 오랜 시일을 필요로 한다는 의미. 영어 공부도, 경제 발전도 일조일석에 이룩되는 것이 아닌데도 시험 기일이 임박해서야 '콘사이스'를 뒤적거려 보고, 흉년이 들어서야 수리 시설을 서두르지만 당장 되는 일이 아니다. 세상에 **instant**(즉석)로 되는 것은 △△라면 정도이다. 뒤집어 말해서,

▶ **Slow and steady wins the race.**

▶ 천천히, 그리고 착실해야 경주에 승리한다.

라는 거북이와 토끼의 경주를 음미해 볼 일이다. "우물을 파도 한 우물을 파라."고 했고, '우물에 가 숭늉을 찾는' 성급한 성미로는 큰 일을 이룩할 수는 없는 법이다. 비슷한 한문 속담의 '대기만성(大器晩成)'을 "큰 그릇은 저녁 늦게 만든다."라고 답안을 쓴 학생이 있었다.

19세기의 영국의 시인 바이런경(**Lord Byron**)은 장편시 한 작품으로 삽시간에 유명해지자,

▶ **I awoke one morning and found myself famous.**

▶ 어느 날 아침 잠을 깨보니 유명해졌더라.

라는 자신만만(?)한 말을 남겨 유명하다. 같은 시기인 19세기 영국의 작가 새커리(**Thackeray**)에 관하여 어느 부인이 바이런의 흉내를 내며 이

명언

There never was a good war or a bad peace.

- Benjamin Franklin

▶ 좋은 전쟁, 나쁜 평화가 있어 본 일이 없다.

속시원한 말이다. 도대체 전쟁이라는 마물은 '인민을 위해서', 또는 '천황 폐하를 위해서'라고 나름대로의 명분을 내세우지만 나쁜 짓임에는 한 치의 어김이 없다. 대신 평화라는 것은 어떠한 형태이든 전쟁보다는 바람직한 것이다.

그런데도 어떻게든 구실을 만들어 총을 쏘고 싶어하는 무리들이 있다. 비록 시일이 걸리더라도 평화적으로 통일하자는 것과 땅굴을 파서라도 기습을 가하여 전쟁으로 일시에 통일하자는 것과는 차원이 다르다. 동족의 피비린내와 엄청난 파괴는 어쩌자는 건지.

Patriotism is the last refuge of a scoundrel. (애국주의는 악당의 마지막 피난처이다.) **Dr. Johnson**의 말씀이다.

렇게 말했다.

▶ **Thackeray awoke one morning and found himself famous.**

▶ 새커리가 어느 날 아침 일어나 보니 유명해졌더라.

이 말을 들은 신문왕(新聞王) 노스클리프경은 고개를 가로 흔들며 말하는 것이었다.

▶ **When the morning dawned, Thackeray had been writing eight hours a day for 15 years.**

The man who wakes up one day to find himself famous hasn't been asleep.

▶ 그 아침에 샜을 때 새커리는 그전까지 15년 동안이나 하루 8시간씩 쓰고 또 썼던 것입니다. 어느 날 잠을 깨보니 유명해졌더라는 사람치고 잠만 계속 잤던 사람은 없습니다.

세상 사람들은 이룩해 놓은 결과만 보고 천재다, 수제다, 거인이다라고 찬탄을 하지만 그 그늘에는 오랜 각고(刻苦)의 주름살이 있는 것이다.

한편, **Rome**은 중세기 유럽 문명의 중심지여서 그런지 **Rome**이 등장하는 속담이 많다.

▶ **All roads lead to Rome.**

▶ 모든 길은 로마로 통한다.

로마제국의 위용을 과시하는 말이기도 하지만 사람들은 각기 다른 길을 걷되 끝내는 같은 결과, 같은 결론에 도달하는 것이라는 의미도 내포된다. 그리고,

▶ **When in Rome, do as the Romans do.**

▶ 로마에 가 있을 때는 로마 사람처럼 처신하라.

는 속담은 **Cum fueris Romae, Romano vivito more.** 라는 라틴어의 속담을 영어로 옮긴 것인데 **London**이나 **Paris** 대신에 **Rome**을 내세운 것도 **Rome**이 중세기 여러나라의 수도와 가까운 위치에 있었던 흔적이다. 이 속담은 타향에까지 가서 자기 풍습을 고집함으로써 '모난 돌이 정 맞는' 꼴이 되지 말라는 암시를 주고 있다.

Too many cooks spoil the broth.

요리사가 너무 많으면 수프가 엉망이 된다.

* **broth** [brɔːθ] 묽은 수프, 고깃국.

broth는 '고기수프'. 우리 나라 속담의 "사공이 많으면 배가 산으로

올라간다."가 이 속담에 해당된다. 너무 많은 사람이 제각기 자기 의견을 주장해서는 될 일도 안 된다는 뜻. 무슨 일에든 중심 인물이 있어 모두의 의견을 종합해서 최종 결정을 내린 후에 합심해서 밀고 나가는 것이 바람직하다.

실제로 있었던 이야기인지는 모르나, **Alexander the Great**(알렉산더 대왕)가 병이 걸렸다. 위대한 왕이 병석에 누웠으니 큰일이다. 명의라는 명의가 모여들어 왕의 머리맡에서 갑론을박으로 시간을 보내자 왕은.

▶ **I'm dying with the help of too many physicians.**

라고 말했다고 한다.

▶ 너무 많은 의사 덕분에 짐은 죽어간다.

명언

An iron curtain has descended across the Continent.

- Winston Churchill

▶ 철의 장막이 대륙에 내렸다.

'철의 장막'이라는 말을 흔히 쓰는데 이 말은 2차대전 전후의 영국수상 **Winston Churchill**이 1946년 3월 5일 미국의 **Westminster College**에서 행한 연설문 속의 한 구절이다.

한편 문필가이며, 아마추어 화가이기도 했던 이 노인은 이런 말도 했다.

There is no finer investment for any community than putting milk into babied. (어느 공동체(의 미래)를 위해 아기에게 우유를 마시게 하는 것보다 좋은 투자는 없다.)

이 문구를 영 · 미의 우유회사들은 앞을 다투어 인용하고 있다. 마치 **Churchill**이 자기 회사를 위해 그런 말을 한 것 모양. 한심한 상혼(傷魂)이다.

Well begun is half done.

시작이 잘 되면 일의 반은 성취된 것이나 다름없다.

만사는 처음 시작이 중요하다. 장사꾼들이 마수걸이를 중요시하는 것도 미신만은 아니다.

▶ **A work begun is half ended.**

▶ 일은 일단 시작하면 반은 끝난 거나 마찬가지다.

라고도 한다. 우리 속담의 "시작이 반이다."와 완전히 일치하는 말이다.

그러나 일에는 반대의 경우가 있다. 마라톤에서 출발시에 선두로 나간 선수가 우승한 일이 없고, 거북이와 토끼의 경주에서도 의기양양하게 스타트를 장식한 토끼는 끈질긴 거북이의 추적에 지고 말았다. 그래서,

▶ **All's well that ends well.**

▶ 끝머리가 좋으면 만사가 좋다.

이라는 말도 있다. 이성계가 위화도 회군에 성공하지 못했으면 역신으로 삼족을 멸하는 화를 입었을 것이다. 끝머리가 좋았기에 조선 오백년의 태조로 군림할 수가 있었던 것이다.

▶ **In business, the beginning and the end are rarely same. If the beginning is sweet, the end is bitter, and if the beginning hurts, the end heals.**

▶ 사업은 그 시초와 끝머리가 결코 같지가 않다. 만약 시작이 감미로우면 결과가 쓰고, 시작이 다난하면 끝머리가 아문다.

A Jack-of all trades is master of none.

팔방미인치고 한 가지 일을 제대로 하는 것이 없다.

이 일도 덥석, 저 일도 덥석, 이것저것 조금씩은 할 줄 아는 사람치고 한 가지 일을 훌륭하게 해내지는 못함을 비유하고 있다. 그래서,

▶ **A little learning is a dangerous thing.**

▶ 피상적인 지식은 위험하다.

이라고 했다. 더구나 직업이 세분화되고 전문화된 현대에는 여러 일에

재간이 많은 사람보다도, 한 분야에 전문적인 지식의 소유자가 소망스럽다.

Everybody's business is nobody's business.

모두의 일은 누구의 일도 아니다.

책임의 한계가 분명치 않으면 서로 미루고 하려 하지 않는다. 사람을 부리려면 각자 자기의 일 몫을 분명히 해주는 것이 경영학상 합리적이다.

명언

Not that I love Caesar less, but that I love Rome more.

- Shakespeare : Julius Caesar

▶ '시저'를 덜 사랑해서가 아니라, 로마를 더 사랑하기 때문이다.

따라서 우리는 자유 로마를 위해서 그 황제가 되려고 하는 야망을 지닌 시저를 암살한 것이다…… 라고 시저의 부하이자 또한 암살자의 주모자였던 **Brutus**는 로마시민 앞에서 대의 명분을 내세웠다.

Not that we love English less, but that we love baseball more.

(우리가 영어를 덜 사랑해서가 아니라 야구를 더 사랑하기에.)

텅 빈 교실에 들어간 선생님이 칠판의 이러한 낙서를 발견하고 창 밖을 내다보니 학생들은 희희낙낙하며 공을 던지고 있었다.

Everything must have a beginning.

모든 일은 시작이 있어야 한다.

일을 구상으로 끝내서는 한이 없다. 우선 착수하고 나서야 성패가 가려지고 미흡한 점은 시정해 나갈 수가 있다.

그래서 모든 일은 "시작이 반이다."라고 했다.

▶ **Fortune knocks once at everyone's door.**

▶ 행운은 누구의 문이라도 한 번은 두드린다.

일은 저질러 놓고 볼 일이다. "수인사 대천명(修人事 待天命)" 최선을 다했다면 그 결과는 하늘에 맡길 수밖에 없다. 여기에 해당하는 격언에,

▶ **Man proposes, God disposes.**

▶ 계획은 사람이, 성패는 하늘이.

* **dispose** 배치하다, 처분하다.

가 있고 모든 일은 "그 시작이 가장 어렵다." (**It is the first step that is troublesome.**)고 했다.

He who makes no mistakes makes nothing.

실수를 범하지 않는 자는 아무 일도 못한다.

실수(**mistake**)는 경험(**experience**)을 낳고, 축적된 경험은 지혜(**wisdom**)를 형성한다. 노련한 전문가(**expert**)란 숱한 실수를 축적한 사람이다. 일에 통달하기 위해서는 실수를 두려워해서는 안 된다.

이 속담은 펠프스(**E.J. Phelps**)라는 사람이 1899년 런던 시장 관저에서 행한 연설 중,

▶ **"The man who makes no mistakes does not usually make anything."**

이라는 구절에서 만들어졌다.

▶ 실수를 범하지 않는 사람은 대개 아무 일도 이룩하지 못하는 사람입니다.

▶ **To err is human.**

▶ 인간이란 실수하기 마련이다.

No man cries "stinking fish."

"구린내 나는 생선이오."라고 외치는 사람은 없다.

* **stink** [stiŋk] 고약한 냄새가 나다.

장사하는 사람치고 자기 제품의 결점을 드러내는 사람은 없다는 비유이다. TV나 신문에 홍수를 이루는 광고마다 자기 회사 제품이 타사의 그것보다 이러이러한 면에서 우수하다는 선전에만 치중했지, 어느 면만은 타사 것보다 성능이 부족함을 시인한 광고는 없다.

One sows and another reaps.

파종한 놈 따로 있고, 거둬가는 놈 따로 있다.

* **reap** [ri:p] 베어들이다. 수확하다.

우리 속담의 "재주는 곰이 넘고 돈은 되놈이 번다."와 대조해 보면 그 의미가 쉽게 납득이 간다. 사장님을 잘못 만나면 이런 꼴이 된다. 어느 의미에서 폭리와 착취는 많은 사람들에 대한 정당한 대가를 독점하는 데에서 생긴다.

Rats leave a sinking ship.

쥐는 가라앉을 배를 떠난다.

동물들에게는 이상한 직감이 있는 모양이다. 장마가 들기 전에 침수할 곳에서 개미가 이동하고 침몰할 운명에 처한 선박에서는 쥐떼가 달아난다고 한다.

이 속담은 약빠른 사람이 사세가 기울어진 회사에서 퇴사하고, 정권을 잡기 틀린 정당을 탈당하는 경우를 염두에 두고 쓰인다. 야박한 일일지는 모르나 넘어져가는 업체와 운명을 같이한다는 것도 생각해 볼 일이다. 의리라는 것은 사회가 발달할수록 빛이 엷어지고 있다.

이런 면을 정당화시켜 주는 격언에,

▶ **Self-preservation is the first law of nature.**

▶ 자기 보전은 자연의 제일 법칙이다.

라는 것이 있다. 그리고 모든 중대사에는 앞서 그 징조가 나타난다고 해서 다음과 같은 속담도 있다.

▶ **Coming events cast their shadows before.**

▶ 일어날 일은 먼저 그림자를 드리운다.

The cobbler should stick to his last.

구두장이는 구두틀을 지켜라.

cobbler는 '구두 수선공', **last**는 수선할 구두를 올려 놓는 쇠로 된 '틀'. 즉, 자기의 천직을 지키라는 의미로서 일단 자기의 직업으로 선택한 이상 "한 우물을 파라."는 교훈이다.

이 속담에서 만들어진 이디엄에 **stick to one's last**라는 것이 있다. 그 의미하는 바는 '~에 전념하다.'이다.

The end crowns the work.

끝 마무리가 일에 영광을 안겨준다.

여기에서 '왕관'의 뜻인 **crown**은 동사로서 '왕관을 씌우다.'의 의미로 쓰였고, 그 의미하는 바는 '영광을 돌리다.'이다. 즉, 모든 일은 그 끝

마무리가 멋져야 빛을 본다는 비유이다. 권투시합에서 마지막 라운드가 심판관들의 점수를 좌우한다고 한다.

한문 표현에 '화룡점정(畵龍點睛)'이라는 말이 있다. 오랜 시간을 두고 비늘 하나 하나를 공들인 그림이라도 그 끝 마무리에서 눈을 어떻게 그려 넣느냐에 따라 그 그림의 용은 죽기도 하고, 살기도 한다.

Work while it is day.

해가 있을 때 일하라.

여기에서의 **day**는 '낮, 주간'을 뜻하며 '일할 수 있는 적기'를 상징한다. 즉, 일할 수 있을 때 열심히 일해서 여한을 남기지 말라는 뜻이다. 신약성서 '요한서'의 다음 구절을 인용한 속담이다.

▶ **I must work the works of him that sent me, while it is day. The night cometh, when no man can work.**

▶ 나를 보낸 자가 맡긴 바 일을, 해가 있을 때 다해야 하겠다. 밤이 오면 아무도 일할 수 없기에.

사업 각국의 속담

▶ **Don't be afraid of a loss, then you will get profit.** – *Russia*

손실을 겁내지 말라, 그래야 이익을 얻는다.

▶ **Thinking of other's advantage will turn out to one's own.** – *China*

남의 이익을 생각하는 자에게 이익이 돌아온다.

▶ **Better to go to bed without supper than to live with debts.** – *Spain*

빚을 지기보다는 저녁 식사를 굶고 잠자리에 드는 것이 낫다.

▶ **It is easy to open a shop, but hard to keep it open.** – *China*

장사를 시작하는 것은 쉬우나, 유지하기는 어렵다.

▶ **A man goes out of his house for business, a woman to be looked at.** – *Finland*

남성은 사업 때문에 집을 나서고, 여자는 남에게 보이기 위해 외출한다.

▶ **Pity and compassion spoil business.** – *Israel*

연민과 동정은 사업을 망친다.

▶ **That which you would sell, deck with flowers.** – *Japan*

팔 것은 꽃으로 장식하라.

▶ **Who praises would like to sell, who disparages would like to buy.** – *Czechoslovakia*

추켜세우는 자는 팔기를 원하며, 깎아내리는 자는 사기를 원하는 자다.

▶ **Sell publicly and buy privately.** – *Spain*

공공연히 팔고 남몰래 사들여라.

▶ **One should not employ those one suspects, nor suspect those one employs.** – *France*

의심스러운 자는 고용하지 말고, 고용된 자를 의심하지 말라.

Check Up 영작연습

181 여자의 마음은 갈대 같은 것.

182 여성이란 깨지기 쉬운 것.

183 미인이란 다만 살갗 한 겹 차이이다.

184 여자 셋이면 시장을 이룬다.

185 아름다운 용모는 재산의 절반이다.

186 아름다운 깃털이 아름다운 새를 만든다.

187 기회를 놓치지 말라.

188 장사는 장사다.

189 필요는 발명의 모체이다.

190 로마는 하루에 이루어지지 않는다.

Key Word

181 weathercock.
182 vessel.
183 skin-deep.
184 market.
185 half a fortune.
186 feathers.
187 sun shines.
188 business.
189 necessity, invention.
190 built.

Answer

181 A woman is a weathercock.
182 A woman is the weaker wessel.
183 Beauty is but skin-deep.
184 Three women make a market.
185 A fair face is half a fortune.
186 Fine feathers make fine birds.
187 Make hay while the sun shines.
188 Business is business.
189 Necessity is the mother of invention.
190 Rome was not built in a day.

191 요리사가 너무 많으면 수프가 엉망이 된다.

192 시작이 잘 되면 일의 반은 성취된 것이나 다름없다.

193 팔방미인치고 한 가지 일을 제대로 하는 것이 없다.

194 모두의 일은 누구의 일도 아니다.

195 모든 일은 시작이 있어야 한다.

196 실수를 범하지 않는 자는 아무 일도 못한다.

197 "구린내 나는 생선이오."라고 외치는 사람은 없다.

198 파종한 놈 따로 있고, 거둬가는 놈 따로 있다.

199 쥐는 가라앉을 배를 떠난다.

200 구두장이는 구두틀을 지켜라.

Key Word

191 many cooks .
192 begun, half.
193 trades.
194 business.
195 beginning.
196 mistakes.
197 stinking fish.
198 sows, reaps.
199 sinking ship.
200 cobbler.

Answer

191 Too many cooks spoil the broth.
192 Well begun is half done.
193 A Jack-of all trades is master of none.
194 Everybody's business is nobody's business.
195 Everything must have a beginning.
196 He who makes no mistakes makes nothing.
197 No man cries "stinking fish."
198 One sows and another reaps.
199 Rats leave a sinking ship.
200 The cobbler should stick to his last.

14 성공에 관한 속담

Heaven helps those who help themselves.

하늘은 스스로 돕는 자를 돕는다.

너무나 유명한 격언이다. 책상 머리에 이 격언을 써붙이고 밤늦게까지 책과 씨름하던 청년 시절이 있었다. 여기에서의 **Heaven**(하늘)은 **God**(하느님)을 뜻한다. **God helps those……**. 라고도 한다. **help themselves**(스스로를 돕다)를 명사로 나타내면 **self-help**(自助)가 되는데 그야말로 자조정신을 강조하는 격언이라 하겠다.

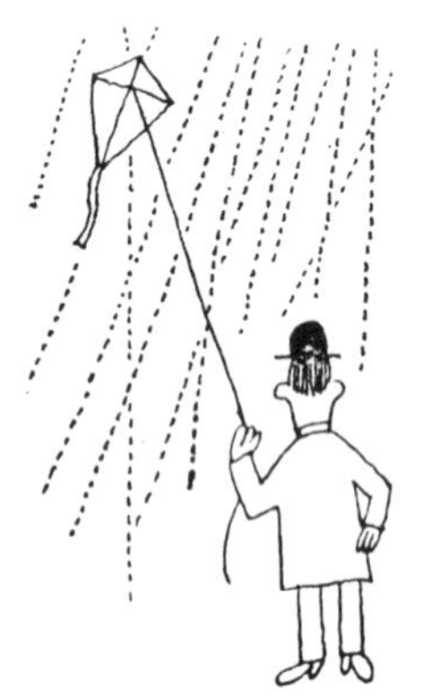

영국의 사뮤엘 스마일즈(**Samuel Smiles**)가 저술한 '**Self-help**(自助論:1859)'라는 저서는 세계 각국에서 번역되어 많은 청년들의 입신 출세에 대한 열의를 크게 고무해 준 바 있는 명저이다.

특히 미국인들의 자조정신은 강해서 부잣집 꼬마가 길가에 궤짝을 내다놓고 소다수를 팔기도 한다.

어느 미국의 거리, 노부인 하나가 큰 짐을 들고 버스를 타려 했다. 운전기사(**bus driver**)가 도와주려고 하자 노부인은 이렇게 말했다.

▶ **"No, thank you, young man. I'd best manage alone, 'cause if I get help today I'll want it tomorrow."**

▶ 사양하겠어요, 젊은 양반. 나 혼자 해내는 것이 상책이라우. 만약 오늘 도움을 받으면 내일도 도움을 받고 싶어지니까요.

그런가 하면 어느 독설가는 다음과 같이 꼬집기도 한다.

▶ **Heaven does not help those who help themselves. There's no need of it.**

▶ 하늘은 스스로 돕는 자는 돕지 않는다. 그럴 필요가 없기에.

원래 이 말은 번개치는 폭풍우 속에 연을 띄운 미국 독립 당시의 유명한 정치가 **Benjamin Franklin**의 말이다. **Franklin**은 **pragmatic**(실용주의적)한 미국인의 대표격인 사람으로 영국에 건너가 미국의 독립을 교섭한 외교관이기도 했고, 과학에도 크게 몰두한 다재다능한 사람이었다.

그리고 그가 제작한 달력에는 실제 생활에 도움이 될 말을 하나씩 기입해 넣었는데 이 격언은 그 중의 하나이다.

명언

The ballot is stronger than the bullet.

- A. Lincoln

▶ 투표용지는 탄환보다 강하다.

* **ballot** [bǽlət] 투표용지, 투표.

ballot는 '선거용지', **bullet**는 '탄환'. 위대한 링컨! 그의 말은 민주주의 원리를 간단 명료하게 파헤치고 있다. 또한 **ballot**와 **bullet**의 철자상의 유사성도 인상깊다.

이처럼 링컨은 민중이 이해하기 쉽게 말하는 점에 특징이 있었다.

이렇게 강한 한 표를 금전이나 막걸리로 매수당한다면 교과서의 민주주의는 헛배운 것이 된다.

비슷한 투의 말에, "**The pen is mightier than the sword.** (펜은 검보다 강하다.)"가 있다. **Edward Bulwar Lytton**의 말이다. 그는 영국의 역사소설가로서 '폼페이 최후의 날'을 저술해서 유명하다.

A rolling stone gathers no moss.

구르는 돌에는 이끼가 끼지 않는다.

a rolling stone(구르는 돌)이란 사람의 **occupation**(직업)을 비유하고, **moss**(이끼)는 **money**(금전)를 대신한 것으로 생각해도 무방하다. 세상에는 홍길동 같은 친구들이 있게 마련이다. 어느 회사에 취직한 것으로 알았는데 어느덧 식당의 **cook**으로 변신을 하고, 그런가 하면 택시운전사로 서울 거리를 누비고 다니더니 마침내 거지가 되었더라는

명언

When a dog bites a man, that is not news, but when a man bites a dog, that is news.

\- Charles A. Dana

▶ 개가 사람을 물어서는 '뉴스'가 될 수 없으나 사람이 개를 물면 '뉴스'가 된다.

Dana(1819~1897)의 이 말은 신문학에서 '뉴스'에 대한 정의를 내리는 데 있어 자주 인용된다. 실로 신문에 날 만한 '뉴스'가 어떤 성격의 것인지를 잘 설명해 주고 있다.

그러나 시대는 변한다……. 학생이 선생님을 때려 눕힌다든가 안식구가 서방님을 깔고 뭉개는 정도로는 이제 '뉴스'가 될 수 없다. 여성상위 시대의 진화(進化)가 좀더 심화된다면 남편이 아내를 후려갈겼다는 것이 '뉴스'감이 될지도 모른다.

news value라는 용어가 있다. 어떤 사건이 **news value**가 있나를 명석하게 판단할 줄 알면 민완기자가 될 수 있다.

식……. 이런 사람에게 돈이 모일 리가 없기에 우리 나라 속담에도 "한 우물을 파라."는 것이 있다.

그러나 30년 동안이나 백묵가루를 마시고도 도시락을 싸들고 교문을 들어서는 한문 선생님의 주름진 얼굴을 보면 **rolling stone**이 되보시라고 충고(?)해 주고 싶어진다는 기특한 학생도 있다.

그리고 불우한 화가 고흐(**Gogh**)는 10여 가지의 직업을 전전하다가 나이 오십이 다 되어서야 화가라는 천직을 찾아냈다.

어느 의미에서 이 속담은 구 시대의 처세훈으로서 그야말로 이끼가 끼어 고색이 창연한 것 같다. 현대 사회는 어느 한 곳에 뿌리를 내리고 차분히 기다리는 사람의 머리 위로 어지럽게 돌아가는 것 같다. 능력이 있는 사람은 더 높은 지위와 더 많은 수입을 찾아 미련없이 자리를 뜬다. 프론티어 스피릿(**frontier spirit**:개척자 정신)은 새로운 경지를 개척해 나가는 정신으로 한 곳에 머물러 있기를 거부한다.

Look before you leap.

뛰기 전에 살펴라.

무엇을 실행하기 전에 심사 숙고하라는 뜻이다. "두부 먹다 이 빠진다."는 속담처럼 방심은 금물이다.

'이솝' 우화(**Aesop's Fables**)중에 다음과 같은 이야기가 있다.

▶ **A thirsty dove saw a jug of water in a picture. Mistaking it for a real one, it flew at it with a loud whir of its wings.**

▶ 목마른 비둘기가 그림 속의 물주전자를 보았다. 그것을 진짜 물주전자로 착각하고 날개소리 요란하게 날아들었다.

물론 그림에 부딛혀 상처를 입고 땅에 떨어져 사람에게 잡히고 말았다. 아무리 급하더라도 날아들기 전에 살펴야 했다.

미국의 어느 성공한 사업가는 이렇게 말했다.

▶ **Thorough preparation is the hallmark of men of achievement in all profession.**

▶ 완벽한 준비야말로 모든 직업에서 성공하는 사람의 특징이다.
* **Thorough** 철저한, 완벽한.

▶ **Half-plowed ground means poor yield.**

▶ 반쯤 갈아 놓은 땅은 빈약한 소출을 낸다.

유비무환(有備無患)이라고 했다. 철저한 준비를 갖춘다면 유사시에 여유만만히 대처할 수가 있는 것이다.

그러나 지나친 신중도 처지곤란하다. 충분히 검토했는데도 다시 한 번 심사(深思)하고, 또 한 번 숙고(熟考)하다가는 될 일도 안 된다. 일단 청신호가 켜지면 '수인사 대천명(修人事 待天命)'이라, 그 성패는 하늘의 뜻에 맡겨야 발전이 있다. 우리의 국민성으로는 "뛰기 전에 살펴라."에만 집착하지 말고, "살펴보았으면 뛰라.(**Leap after you look.**)"의 과감성도 아울러 발휘해야겠다.

각설하고 우리 속담의 "돌다리도 두들겨 보고 건너라."라는 신중성을 강조하는 속담이 있는데 어느 회사 사장님은 신입 사원들에 대한 훈시에서 "돌다리라고 생각되면 두들기지 말고 건너라."라고 말했다고 한다. '바쁘다, 바빠'의 **speed** 시대.

특히 요즈음처럼 빵소니차가 우글거리는 도심지대에서는 비록 청신호가 떨어지더라도 **Look before you cross.**(길을 건너기 전에 잘 보라.)가 시세에 알맞은 격언일 수도 있겠다.

Where there is a will, there is a way.

뜻이 있는 곳에 길이 있다.

이 역시 유명한 처세훈이다. 한자로 '精神一到 何事不成(정신일치 하사불성)'이라는 것이 바로 이 내용이다. 우리 선조들은 "돌도 십 년을 보고 있으면 구멍이 뚫린다."라고 정신력의 강대함을 깨우쳐 주셨다.

베토벤(**Beethoven**)의 제5교향곡(**fifth symphony**) '운명(運命)'의 첫머리인 '다, 다, 다, 단 －'은

▶ **Knock at the door and it will be opened.**

▶ 문을 두드려라, 열릴 것이다.

라는 성경 말씀의 첫 구절 4단어를 나타내는 것이라고 한다.

'문을 두드린다'는 것은 신앙세계에 입문하려는 것을 뜻하나, 실제적으로는 어느 일을 착수하려고 결심을 하고 실행 단계에 돌입하면 길이 열린다는 뜻으로도 받아들일 만하다.

▶ **Nothing is impossible to a willing mind.**

▶ 하고자 의도하는 사람에게는 불가능은 없다.

한편 **Where there is** ~ 의 문형(文型)을 차용한 형태의 여러 가지 경구가 있어 부가해 둔다.

▶ **Where there is smoke, there is fire.**

▶ 연기가 있는 곳에 불이 있다.

"아니 땐 굴뚝에 연기 날까?" 소문이 일고 보면 무엇인가 근거는 있는 법이다.

▶ **Where there is whispering, there is lying.**

▶ 소곤거리는 말 속에 거짓이 있다.

진실에 입각한 이야기라면 당당히 할 수 있는 것, 거짓이 섞였기에 양심의 소리는 톤(**tone**)을 낮추어 소곤거리게 되는 것이다.

다음과 같은 재미있는 모조품도 있다.

▶ **Where there is a will, there is a lawyer.**

▶ will이 있는 곳에 변호사가 있다.

여기에서의 **will**은 '의지'의 뜻이 아니라 '유언장'을 뜻한다. 유언장을 둘러싸고 '쇠가 쇠를 먹고, 살이 살을 먹는' 골육상쟁(骨肉相爭)이 벌어지면 변호사가 끼게 마련이라는 풍자이다.

그런가 하면, 어느 시인은 **where there is** ~의 문형을 써서 다음과 같은 노래를 짓기도 했다.

▶ **Where there are smokes,** ▶ 연기가 있는 곳에

▶ **There are houses.** ▶ 집이 있고

▶ **Where there are houses,** ▶ 집이 있는 곳에

▶ **There are young people.** ▶ 젊은이가 있고

▶ **Where there are young people,** ▶ 젊은이가 있는 곳에

▶ **There is love.** ▶ 사랑이 있다.

명언

All is flux, nothing stays still.

- Herakleitos

▶ 만물은 유전(流轉)하며, 정지(靜止)하지 않는다.

그리스의 철학자 **Herakleitos**(기원전 540~480)의 말로서 그 원어인 **Panta rei**의 영어 번역이다.

탈레스가 만물의 근원은 물이라고 주장한 데 대해서 그는 불이 만물의 근원이며 영원히 유전(流轉)해서 정지하는 법이 없다고 설파했다. 그리고 또한 그는 만물은 대립하는 2개의 싸움에서 생성되며 싸움은 만물의 모체라고 설명했다. 말하자면 변증법(辨證法)의 시조라고 할 수 있다.

'걸리버 여행기'의 저자 스위프트의 **"There is nothing in this world constant, but inconstancy.** (이 세상에는 정해진 것은 없다. 있는 것은 정해지지 않은 것뿐이다.)"도 그 유(類)를 같이 한다.

No cross, no crown.

십자가 없으면 영관(榮冠)도 없다.

여기에서의 **cross**(십자가)는 그리스도가 진 고난의 십자가에서 '고난'을 의미하며 **crown**(왕관)은 '영광'을 상징한다. 즉, 십자가의 짐 같은 고난이 없이는 성공의 영광을 얻을 수 없음을 깨우치고 있다.

미국의 개척시대, 펜실베니아주의 창건자 윌리엄 펜(**William Pen**)은 그의 글 **No Cross, No Crown**에서 이렇게 인용하고 있다.

▶ "No pain, no palm ; no thorns, no throne ; no gall, no glory ; no cross, no crown."

▶ 고통 없이는 영예가 없고, 고뇌없이는 왕좌가 있을 수 없고, 쓰디쓴 좌절이 없이는 영광이 없거니와, 고난없이는 영관이 없다.

Yielding is sometimes the best way of succeeding.

양보는 때로는 성공의 최상책이다.

이보(二步) 전진을 위한 일보(一步) 후퇴는 병법에서도 실효를 거둘 때가 있다. 광대한 중국을 적화한 모택동의 전법에 '打打談談(타타담담)'이라는 것이 있다. 이쪽이 우세할 때는 타격(打擊)을 가하고, 불리할 때는 일보 후퇴해서 큰 양보라도 할 것처럼 회담(會談)으로 시간을 번다. 이러한 전술의 반복이 마침내 장개석을 대만으로 몰아내는 데 성공적인 역할을 했다.

요는 이 속담 중의 **sometimes**(때로는)가 문제이다. 시기를 잘 봐서 '때로는' 후퇴나 양보를 해야지 **always**(늘) 뒷걸음질만 쳤다가는 벼랑에 떨어지고 만다.

Nothing succeeds like success.

성공은 성공으로 이어진다.

일이 잘 되려면 가속도가 붙는다. 고무신, 운동화로 시작해서 지금은 뉴욕시 한복판 엠파이어 스테이트 빌딩에 지점을 차리고 세계적인 고급 구두 메이커들과 어깨를 나란히 할 정도로 성공한 K제화(製靴)가 그러한 실례이다.

그래서,

▶ **Well begun is half done.**

이라는 속담도 있다. 그러나 행운의 여신은 누구에게나 미소를 지어주지는 않는다. 재수가 없는 사람은 "자빠져도 코가 깨지고", "설 때 궂긴 아이가 날 때도 궂긴다."고 반갑지 않은 일이 꼬리를 문다.

▶ 마수걸이가 순조로우면 절반은 성공한 셈.

▶ **Misfortunes seldom come singly.**

▶ 화는 혼자 오지 않는다.

그러나 이러한 궂은 일이나 좌절을 실패(**failure**)라는 단어로 처리한다면 이런 길목을 대비한 속담이 기다리고 있다.

▶ **Failure is the only highway to success.**

▶ 실패는 성공으로 가는 유일한 고속도로다.

그리고 "비 온 뒤에 땅이 굳어진다."

Slow and sure.

천천히, 그리고 확실히.

이 속담은 이솝(**Aesop**)의 우화에서 토끼와 거북이의 경주에 근원을 두고 있다. 더디더라도 기초가 튼튼하면 높은 누각을 올릴 수 있는 것처럼 벽돌 쌓듯 빈틈없는 기반 위에 성공의 열매가 맺는다.

스코틀랜드 태생의 작가이자 사회 개혁가인 사뮤엘 스마일즈(**Samuel Smiles**)는 1800년, 온 세계의 지식 청년의 피를 끓게 한 그의 유명한 저서 **Self-Help**(自助論)에서 이 속담을 이렇게 인용하고 있다.

▶ **"Provided the dunce has persistency and application he will inevitably head the cleverer fellow without those qualities. Slow but sure wins the race."**

▶ 태생이 머리가 둔한 사람일지라도 인내와 근면으로서, 더 영리하되 그러한 특성을 결한 동료를 분명히 앞지를 수 있다. 천천히, 그리고 착실한 것이 승부에 이긴다.

* **provided** if의 문어적인 표현.

성공 각국의 속담

▶ **A successful man is not easygoing, and an easygoing man is not successful.** – *China*
성공한 사람은 안이하지 않고 안이한 사람은 성공하지 못한다.

▶ **In prosperity strangers claim kin. In adversity, kindred become strangers.** – *China*
사람이 번영을 누리면 남이 친척임을 주장하나, 역경에 처하면 친척이 남이 된다.

▶ **He who would not sweat in the summer must learn to freeze in the winter.** – *Denmark*
여름에 땀 흘리려 하지 않는 자는 겨울에 추운 것을 배워야 한다.

▶ **It is best to begin at the bottom and end at the top.** – *Hungary*
밑바닥부터 시작해서 정상에서 끝나는 것이 최상이다.

▶ **If you wish to succeed, consult three old people.** – *China*
성공하기 원한다면 세 노인에게 가서 상의하라.

▶ **To believe a thing impossible is to make it so.** – *France*
불가능하리라고 믿는 자는 그것을 불가능하게 만든다.

▶ **Many build castles in the air who are not capable of building a hut on the earth.** - *Germany*
땅 위에 움집 하나 세울 능력이 없는 자들이 공중에 많은 누각을 짓는다.

▶ **The victor is always justified.** – *Japan*
승리자는 언제나 정당화된다.

▶ **Where a man falls, he rises.** – *Turkey*
인간은 그가 쓰러진 바로 그곳에서 일어난다.

영작연습

201 하늘은 스스로 돕는 자를 돕는다.

202 투표용지는 탄환보다 강하다.

203 구르는 돌에는 이끼가 끼지 않는다.

204 뛰기 전에 살펴라.

205 뜻이 있는 곳에 길이 있다.

206 십자가 없으면 영관(榮冠)도 없다.

207 양보는 때로는 성공의 최상책이다.

208 성공은 성공으로 이어진다.

209 천천히, 그리고 확실히.

210 반쯤 갈아 놓은 땅은 빈약한 소출을 낸다.

Key Word

201 themselves.
202 ballot, bullet.
203 rolling stone.
204 leap.
205 there is a way.
206 cross, crown.
207 best way, succeeding.
208 succeeds
209 slow.
210 half-plowed.

Answer

201 Heaven helps those who help themselves.
202 The ballot is stronger than the bullet.
203 A rolling stone gathers no moss.
204 Look before you leap.
205 Where there is a will, there is a way.
206 No cross, no crown.
207 Yielding is sometimes the best way of succeeding.
208 Nothing succeeds like success.
209 Slow and sure.
210 Half-plowed ground means poor yield.

211 Nothing is impossible to a willing mind.

212 연기가 있는 곳에 불이 있다.

213 소곤거리는 말 속에 거짓이 있다.

214 will이 있는 곳에 변호사가 있다.

215 마수걸이가 순조로우면 절반은 성공한 셈.

216 화는 혼자 오지 않는다.

217 실패는 성공으로 가는 유일한 고속도로다.

218 밑바닥부터 시작해서 정상에서 끝나는 것이 최상이다.

219 승리자는 언제나 정당화된다

220 성공하기 원한다면 세 노인에게 가서 상의하라.

Key Word

211 impossible.
212 smoke, fire.
213 whispering.
214 will, lawyer.
215 begun.
216 misfortunes.
217 failure, success.
218 end at the top.
219 victor, justified.
220 consult.

Answer

211 Nothing is impossible to a willing mind.
212 Where there is smoke, there is fire.
213 Where there is whispering, there is lying.
214 Where there is a will, there is a lawyer.
215 Well begun is half done.
216 Misfortunes seldom come singly.
217 Failure is the only highway to success.
218 It is best to begin at the bottom and end at the top.
219 The victor is always justified.
220 If you wish to succeed, consult three old people.